pregunte · descubra · viva sabiamente

100 respuestas a 100 preguntas acerca de amar a su esposo

100 respuestas a 100 preguntas acerca de amar a su esposo

pregunte · descubra · viva sabiamente

CASA CREACIÓN
A STRANG COMPANY

La mayoría de los productos de Casa Creación están disponibles a un precio con descuento en cantidades de mayoreo para promociones de ventas, ofertas especiales, levantar fondos y atender necesidades educativas. Para más información, escriba a Casa Creación, 600 Rinehart Road, Lake Mary, Florida, 32746; o llame al teléfono (407) 333-7117 en Estados Unidos.

100 respuestas a 100 preguntas acerca de amar a su esposo
Publicado por Casa Creación
Una compañía de Strang Communications
600 Rinehart Road
Lake Mary, Florida 32746
www.casacreacion.com

Traducción por: María Mercedes Pérez
Revisión y edición por: María del C. Fabbri Rojas
Diseño de portada: Whisner Design Group, Tulsa, Oklahoma
Diseño interior por: Dimitreus Castro

Library of Congress Control Number: 2008934722
ISBN: 978-1-59979-424-2

Impreso en los Estados Unidos de América
08 09 10 11 12 * 7 6 5 4 3 2 1

Nuestra única tarea es amar y deleitarnos en Dios.

Hermano Lorenzo

Contenido

Amar al guerrero que hay en él

Amar al proveedor que hay en él

Amarlo con aliento

Introducción

La relación entre hombres y mujeres puede parecer uno de los mayores misterios del universo. Parece como si las más grandes diferencias entre los hombres y las mujeres no fueran de naturaleza física. Los hombres y las mujeres piensan de maneras diferentes, usan la lógica de manera diferente, se expresan de diferente manera, y, a menudo, demuestran el amor de diferentes maneras. Sus necesidades fisiológicas y sexuales son diferentes, y la manera en que aprenden no es la misma. Y justo cuando se está preguntando cómo dos criaturas tan diferentes pueden siquiera llevarse bien, usted decide casarse y pasar el resto de su vida tratando de entender a su esposo.

El matrimonio es una tarea seria, una unificación de dos personas diferentes en una unidad consolidada. El matrimonio es la imagen física de la relación espiritual que Dios anhela tener con usted. Su objetivo es que al aprender y crecer en su relación matrimonial, usted sea capaz de aplicar esas mismas lecciones a su relación con Él.

Estar casados es la parte fácil de la relación, así como es sencillo decir que usted ama a Dios. La parte más difícil de la relación es dejar de lado sus propias necesidades y deseos para enfocarse en su esposo. Amar a su esposo no es simplemente una cuestión de sentimientos: el verdadero amor se extiende hasta desear lo mejor para él en todas las cosas, y hacer todo lo que usted pueda para que eso sea una realidad.

El amar a su esposo no es un permiso para que él saque ventaja de usted. La genuina autoridad en la relación matrimonial va acompañada de una gran responsabilidad. La verdadera sumisión en un matrimonio no consiste en dejar que él haga las co sas a su manera a expensas de usted. En realidad, la autoridad se aprende mejor a través de la sumisión. Cuando su esposo someta su vida y su voluntad a Dios, usted podrá someterse libre y cariñosamente a su liderazgo.

- El amor no sólo se demuestra en momentos íntimos. El amor a su esposo puede mostrarse en todos los aspectos de su vida. Cuando realmente desee lo mejor para su esposo en todas las áreas de su vida, usted tendrá libertad para amarlo exitosamente en la totalidad de su relación.

- Mantener a Dios en el centro de su matrimonio y su familia le asegurará que ambos estén conectados con Aquel que los ayudará a superar cualquier cosa.
- Saber que el éxito de su matrimonio no depende sólo de usted puede liberarla de mucha responsabilidad cuando confía en que Dios hará exitoso este matrimonio.

No hay una relación, comunión o compañia más hermosa, agradable y preciosa, que un buen matrimonio.

Martin Lutero

Ponme como un sello sobre tu corazón, como una marca sobre tu brazo; porque fuerte es como la muerte el amor; duros como el Seol los celos; sus brasas, brasas de fuego, fuerte llama. Las muchas aguas no podrán apagar el amor, ni lo ahogarán los ríos. Si diese el hombre todos los bienes de su casa por este amor, de cierto lo menospreciarían.

Cantar de los Cantares 8:6-7

1 pregunta

¿Por qué él quiere tener la última palabra?

Los hombres se conectan de manera distinta que las mujeres. Sus cerebros tienden a ver un problema como una situación que requiere una respuesta. Las mujeres usan las preguntas para conseguir información y construir relaciones más profundas. Cuando usted habla de un problema con él, él está en modo solución. El fin de la conversación llega cuando se alcanza la solución. Comprender estas diferencias en cuanto a la manera en que los hombres y las mujeres se comunican, le ayudará a comprender por qué su esposo quiere tener la última palabra.

respuesta

Hay un antiguo chiste acerca de que el esposo puede estar seguro de que siempre tiene la última palabra en cualquier conversación, siempre y cuando las últimas palabras sean: "Sí, querida". Sin embargo, el mero hecho de que su esposo esté siempre de acuerdo con lo que usted desea puede no resolver la mayoría de las discusiones o desacuerdos. Aunque pueda sonar como una buena idea, después de un tiempo, encontrará que hay muchos asuntos sin resolver, e incluso que han tomado algunas malas decisiones. Porque, afrontémoslo, las mujeres no siempre tenemos una respuesta más correcta que los hombres.

Haga preguntas para lograr comprender el punto de vista de su esposo. Si su esposo piensa que usted le está haciendo preguntas sólo para determinar si está tomando la decisión correcta, lo verá como un indicio de falta de respeto. Cuando usted se interese verdaderamente en el modo en que su esposo toma las decisiones, él querrá compartirle los detalles.

Usted podrá tener más confianza en las decisiones de su esposo y comprender mejor cómo piensa y llega a esas conclusiones si está dispuesta a dejar que él explique su punto de vista. No lleve a que su esposo defienda su posición, y encontrará que él está abierto para escuchar sus ideas antes de tomar la decisión final.

vale la pena pensar

- **Si sus discusiones** tienden a volverse interminables, considere dejar la situación en suspenso por un tiempo. Vuelva a él unas horas o un día después y repítale lo que comprendió de la conversación.
- **Si usted realmente** no entiende la dirección que él quiere tomar, repita lo que entendió, y pregúntele si es correcto. Permítale explicarlo otra vez para aclarar cualquier discrepancia entre el mensaje que él se propuso dar y lo que usted comprendió.
- **Si no está de acuerdo** con él, determine si su decisión es vital. Si lo es, sugiera orar juntos por dirección antes de tomar la decisión final.

> *Así será mi palabra que sale de mi boca: no volverá a mí vacía, sino que hará lo que yo quiero y será prosperada en aquello para lo cual la envié.*
>
> Isaías 55:11, RV95

2 pregunta

¿Él la necesita más de lo que usted lo necesita a él?

Los hombres y las mujeres tienen diferentes fortalezas basadas en el género, y estas fortalezas no son todas físicas. Agregue a eso las diferencias que resultan del talento, la experiencia y las expectativas culturales, y el resultado es que usted y su esposo son una combinación única. La dependencia del uno del otro se desarrolla en el proceso de reconocer estas capacidades y fortalezas y luego aplicarlas a su relación matrimonial. En ese proceso, verá que comparten una necesidad mutua del uno por el otro.

respuesta

Puede ser frustrante cuando usted siente que todo gira a su alrededor y depende de usted para hacerse. En muchos matrimonios, la situación es un resultado de la dominante Mujer Maravilla. Como mujer, Dios la creó para cuidar y nutrir a su esposo y su familia. Lamentablemente, la sociedad ha agregado a la creciente lista de logros que se espera de las mujeres, cosas tales como seguir una carrera, tener una familia perfecta y lucir siempre atractiva, sin importar cuán cansada pueda estar.

Puede parecer que su esposo no sería capaz de manejar su vida sin usted, pero la verdad es que él necesita más su aporte y sus ideas de lo que necesita que le lave la ropa. Él necesita su amor más de lo que necesita que encuentre las llaves de su auto o le prepare comidas. Necesita que usted lo apoye en sus decisiones más de lo que necesita que usted trabaje para sostener la familia. Usted necesita a su esposo por la fortaleza emocional y el equilibrio que él puede proveer, y para ayudarle a poner de manifiesto cómo es una encantadora relación matrimonial.

Su esposo ve la capacidad que usted tiene para vincularse con las personas y construir relaciones como la otra cara de su moneda de "construir y resolver". Usted y su esposo son compañeros, y se necesitan mutuamente para cumplir el plan de Dios para sus vidas.

vale la pena pensar

- **Hay muchas cosas,** tales como cocinar y limpiar, que su esposo podría contratar a alguien para que las haga por él. Él no la necesita a usted por esas cosas.
- **Su esposo es** alguien que soluciona; usted es una constructora de relaciones. Las soluciones sin relación son sólo órdenes. Él necesita que usted desarrolle esas relaciones con los demás.
- **Usted puede ayudar** a su esposo al identificar una debilidad y transformarla en una fortaleza. Por ejemplo, si él tiende a perder mucho las cosas, ayúdele a organizarse con percheros, perchas de colores, cajas transparentes de almacenaje y depósitos abiertos.

> *No es bueno que el hombre esté solo; le haré ayuda idónea para él.*
>
> Génesis 2:18

3 pregunta

¿Por qué él no le pide su opinión?

Si su esposo no se dio cuenta antes de casarse, él está aprendiendo que hay diferencias fundamentales en la manera en que los hombres y las mujeres se comunican. En este mundo agitado, la comunicación puede quedarse a mitad de camino, y puede ser fácil tomar decisiones independientemente sin consultar mucho el uno con el otro. Cuando eso sucede, usted puede pensar que él no le pide su opinión porque no la considera de valor.

respuesta

El hecho es que probablemente ambos han sucumbido en algún punto a argumentos muy convincentes, a una decisión del momento o a alguna forma de presión de amistades. Reconocer que elegir tomar decisiones juntos es una señal de fuerza y no de debilidad les ayudará a ambos a resistir la urgencia de tomar decisiones independientes.

Los hombres tienden a ver un problema desde un punto de vista general, donde la verdadera cuestión es qué información se necesita para llegar a los hechos. Una mujer, por otro lado, quiere saber cómo afectará la solución a las personas que ella cuida. Precisamente, debido a estas diferencias, ambos realizan contribuciones valiosas al proceso de la toma de decisiones y su opinión puede ser tan válida como la de él.

Tal vez la verdadera cuestión no es que él no le pida su opinión, sino que usted piense que no la tiene en cuenta. Si éste es el caso, hable con él sobre sus preocupaciones. Pídale que recuerde una oportunidad en que él incorporó su aporte a la decisión. Esto les recordará a ambos que sus pensamientos e ideas son importantes.

Si usted y su esposo ya han establecido un patrón de tomar decisiones de modo independiente, puede resultarles más fácil hacer cambios comenzando poco a poco. Recuerde pedir la opinión de su esposo sobre varios temas y aliéntelo a que también le pida su opinión. Cuando ambos están interesados e informados acerca de lo que está ocurriendo en la vida del otro, es más probable que se abran el uno al otro y reciban los mutuos aportes.

vale la pena pensar

- **Anime a su esposo** a pedir su opinión haciendo una investigación sobre las cosas más importantes que enfrentan, tales como hipotecas, el mercado inmobiliario, los vehículos y la jubilación.
- **Si se encuentran** tomando decisiones importantes de manera independiente uno del otro, pónganse de acuerdo en orar juntos antes de tomar la próxima decisión.
- **Si él no sigue** su sugerencia, no permita que eso abra una brecha entre ustedes. En cambio, recuerde que esto no es una competencia entre ambos, sino una asociación.

> *Porque todo aquel que pide, recibe; y el que busca, halla; y al que llama, se le abrirá.*
>
> Mateo 7:8

4 pregunta

¿Cómo puede animarlo para que guíe en vez de controlar?

Hay pocas cosas tan frustrantes como sentir que le están dando órdenes sin admitirle ningún aporte. Aunque algunos estarían de acuerdo en que es mejor que le pidan hacer algo en vez de ordenárselo, en un matrimonio, estos detalles pueden perderse debido a lo bien que conoce a la otra persona. Comprender que lo que su esposo desea es guiar y controlar la ayudará a responderle de manera positiva.

respuesta

Los hombres quieren construir y crecer, mientras que las mujeres desean cuidar y desarrollarse. Pueden parecer objetivos complementarios, pero a menudo vienen de puntos de vista opuestos. Su esposo, en su deseo de liderar, puede olvidar la parte de la ecuación relativa al cuidado y la relación, y, en cambio, ir directo al "modo construcción", a despecho de los obstáculos.

El deseo innato de liderar de su esposo es parte de la manera en que Dios lo creó. Sin embargo, ese rol de liderazgo debe ser el resultado de los esfuerzos combinados de usted y su esposo. Él necesita que usted incorpore al enfoque de su relación su modo de pensar globalizador, para que en el apuro por cumplir no resulten heridos los sentimientos.

Si su esposo tiende a dirigir con excesivo control o preocupación por los detalles, hágale saber cuál es su programa de actividades y lo que incluye su lista de cosas para hacer, para que él vea que usted es capaz y eficiente. El alentarlo a compartir sus programas con usted desarrollará la confianza y le permitirá ver si hay alguna área donde podría ofrecerle ayuda.

Recordar que Dios los unió en este matrimonio para trabajar como equipo puede apartar su atención del resultado y volver a concentrarla en el proceso. Sugiera que él le ofrezca una posibilidad de opciones para suavizar su estilo de liderazgo de controlar a guiar.

vale la pena pensar

- **El verdadero amor** es esperar lo mejor para su esposo, colocando las necesidades de él primero y confiando en que él está haciendo lo mismo por amor a usted.
- **El liderazgo consiste en** sacar lo mejor de los demás, no en ser el jefe. Anime a su esposo a tratar a los demás de la manera en que él desea ser tratado.
- **Generalmente, es más fácil** seguir que liderar. Cuando su esposo atraviese dificultades en asuntos del liderazgo, pregúntele cómo puede ayudarlo.

> *Te haré entender, y te enseñaré el camino en que debes andar; sobre ti fijaré mis ojos.*
>
> Salmo 32:8

5 pregunta

¿Cómo maneja usted los conflictos de ascensos o traslados en el empleo?

En la móvil sociedad actual, pocas parejas esperan trabajar para el mismo empleador o siquiera vivir en el mismo barrio o ciudad por el resto de sus vidas. Los empleadores han llegado a esperar esta movilidad y a las empresas les encanta. Aun cuando se trate de un movimiento vertical dentro de la misma compañía, pueden ocasionar conflictos respecto a los horarios, responsabilidades y ubicación de las oficinas. Lidiar con estas situaciones es inevitable, y la mejor manera de asegurarse el éxito será tener un plan antes de que ocurran.

respuesta

La comunicación será esencial para desarrollar un plan con su esposo. Discutan sus objetivos individuales y conjuntos y los planes relativos a sus profesiones, la elección de vivienda y los asuntos familiares. Haber formulado un plan antes de que le ofrezcan un traslado o un ascenso significará que usted y su esposo ya tendrán en mente un proyecto global para su matrimonio y su familia.

Examinen los diversos escenarios potenciales de traslados y ascensos laborales, y decidan por adelantado qué harán. Las oficinas virtuales, el trabajo a distancia y los puestos compartidos son sólo algunas de las maneras en que los empleadores hacen concesiones que le permitirían a uno de ustedes continuar su carrera en otro lugar. Quizás uno de ustedes deba dejar algo cuando se presenta un traslado o un ascenso. Saber que su matrimonio es más importante que el empleo, les clarificará la toma de decisiones.

Saber de antemano cuál será su decisión respecto a un ascenso hará que ésta sea más fácil. Aunque no tengan que mudarse, un ascenso puede ocasionar cambios en su estilo de vida. Antes de aceptar el nuevo cargo, considere que una posición más alta traerá consigo mayor autoridad, más horas y, en algunos casos, más actividades sociales, todo lo cual hará impacto en la familia entera.

El cambio conlleva cierto grado de temor e inseguridad, lo cual a menudo es causa de desacuerdos. Aunque el cambio es inevitable cuando se trata de su situación laboral y la de su esposo, el conflicto no lo es. Amalgamar su plan con las circunstancias no siempre garantiza una transición más suave, pero trabajar juntos como pareja los acercará.

vale la pena pensar

- **Cuando usted ya sabe** lo que proyecta para su matrimonio, la mayoría de las decisiones que deberá afrontar ya habrán sido tratadas, más allá de la situación o las circunstancias.
- **Puede resultar fácil** ser arrastrado por la emoción de la situación. Si eso ocurre, tome tiempo para considerar individualmente la oferta, y, después, háblelo con calma.
- **Si no han formulado** un plan, anoten los objetivos que ambos como pareja tienen para su matrimonio y su familia. Discutan cualquiera de ellos que cause desacuerdo. Resuélvanlo o adáptenlo ahora, antes de que el conflicto tenga oportunidad de crecer.

Así ha dicho Jehová, Redentor tuyo, el Santo de Israel: Yo soy Jehová Dios tuyo, que te enseña provechosamente, que te encamina por el camino que debes seguir.

Isaías 48:17

6 pregunta

¿Por qué él quiere ganar más dinero que usted?

Cuando el esposo y la esposa buscan establecer y comprender sus roles como cónyuges, padres y empleados, los ingresos pueden convertirse en un punto clave. Muchas veces, el concepto de que el que gane más dinero es quien debería tener el control de las finanzas del hogar, es un problema en el matrimonio. Los hombres tienen un deseo innato de ser los líderes de sus familias y asocian de muchas maneras la capacidad para liderar con los ingresos. Comprender esta conexión mejorará su relación matrimonial y les permitirá a ambos darse cuenta de que el dinero no define a un líder.

respuesta

Cuando quién gana más dinero llega a ser el factor determinante de quién tiene el control, su atención está en el lugar equivocado. El liderazgo consiste en hacer lo que es mejor para la familia; no en ingresos ni poder. El dinero es simplemente una herramienta para cumplir tareas específicas y debería ser usado para satisfacer las necesidades de su familia. Cuando usted y su esposo puedan verlo de esta manera, ambos podrán separar los ingresos del individuo, estar satisfechos con lo que tienen y experimentar el verdadero contentamiento.

Sin tener en cuenta cuál de ustedes tiene el mayor ingreso, esté dispuesta a asistir a su esposo en lo que necesite para tomar las decisiones que benefician a su matrimonio. La misión de su esposo de ser el líder de su hogar puede cumplirse sin tener en cuenta los ingresos. Discuta con su esposo dónde estaría dispuesto a delegar algunas responsabilidades mientras sigue siendo el líder de su hogar. Ni su valor ni el valor de su esposo se determina por el monto de su sueldo. El deseo de liderar de su esposo también es lo que Dios desea para su matrimonio.

vale la pena pensar

- **Estudios recientes muestran** que en la mayoría de los matrimonios exitosos, el esposo tiene el mayor salario, aunque el margen sea relativamente pequeño. Eso significa que si su esposo gana más dinero que usted, puede ser bueno para su matrimonio.
- **Combinar las finanzas familiares** de modo que todos los gastos se paguen de su ingreso conjunto puede desviar la atención de la contribución financiera del uno y el otro.
- **Si usted gana más** que su esposo, puede reasegurarlo en su posición de líder de la familia asegurándose de que no usa su mayor ingreso como un arma, especialmente en discusiones sobre dinero y cuando toman decisiones financieras.

> *Su marido es conocido en las puertas, cuando se sienta con los ancianos de la tierra.*
>
> Proverbios 31:23

pregunta

¿Por qué él tiene una definición diferente de lo que es *limpio*?

respuesta

¿Con qué limpiará el joven su camino? Con guardar tu palabra.
Salmo119:9

7 pregunta

¿Por qué él quiere controlar lo que los dos miran por TV?

Existen pocas cosa tan frustrantes como mirar un programa, enfrascarse en el tema o la trama y después perder la parte más importante: los pocos segundos que vienen inmediatamente después del final del comercial. Los programadores de TV saben que usted desea ver cómo concluye esa situación que quedó en suspenso en la escena previa y estructuran sus avisos para que al menos, mire parte del último comercial. El saber que el aburrimiento es la causa de que cambie de canales para evitar ver los comerciales, le ayuda a comprender por qué él quiere manejar el control remoto.

respuesta

El cerebro del hombre es estimulado por la vista, y su atención se capta por la imagen visual. Las mujeres, en cambio, están interesadas en las relaciones. Usted probablemente no se interese en un programa donde no se relaciona con los personajes, mientras que su esposo no tiene ningún problema en seguir tres partidos de fútbol a la vez cambiando de uno a otro canal. Usted prefiere ver un partido, conocer mejor a los jugadores y poder saber quién usa qué número de camiseta.

Aparte del aburrimiento, su esposo puede elegir cambiar los canales porque no le gusta el tema del programa que usted está viendo. Vea si ése es el caso. Discuta las objeciones de él y sus razones para mirar el programa, y, luego, decidan juntos cómo pueden estar contentos ambos. Recuerde siempre que una relación de la realidad virtual no es tan importante como la verdadera relación entre esposo y esposa.

La buena noticia es que si recuerdan que están viendo televisión para poder pasar tiempo juntos, el programa que miren se volverá algo secundario. Y si usted sabe que él no cambia de canales sólo para irritarla, podrá relajarse y cederle el control remoto.

vale la pena pensar

- **Cuando lo que** les importa es estar físicamente cerca uno del otro, en realidad no importa lo que miren juntos. Póngase cómodos, acurrúquense, y disfruten.
- **Evite la trampa** comercial grabando los programas por adelantado o usando películas previamente grabadas. Puede disminuir los costos de alquiler pidiéndolas a sus amigos o a la biblioteca local.
- **Las mujeres siempre** piensan en las pausas comerciales como el momento de levantarse y hacer algo útil o productivo. En cambio, use este tiempo para poner pausa al sonido y hablar algunos minutos con su esposo.

> *Que cada uno sepa dominar su propio cuerpo en forma santa y respetuosa.*
>
> 1 Tesalonicenses 4:4, DHH

8 pregunta

¿Él quiere comprar *qué*?

El concepto de mucho de su esposo y el suyo probablemente diferirán, especialmente, parece, cuando el precio se vuelve más y más alto. Puede ser un verdadero impacto oír a su esposo entusiasmarse con comprar algo que es importante para él pero que se encuentra al final de su lista de lo que hay que tener. Contar con un plan de acción antes de que surja la ocasión es la mejor manera de evitar el conflicto sobre diferencias de opinión en prioridades de compra.

respuesta

Poder combinar sus objetivos con los de él, en una unidad cohesiva que beneficie a su matrimonio y a su familia, probablemente no resulte fácil para ninguno de los dos. Cada uno de ustedes tiene sus propias opiniones, inseguridades, metas como individuos, y eso puede hacer que no siempre tomen la mejor decisión para cada uno.

Formular algunas pautas les ayudará a realizar el proceso. Saber con antelación cuánto puede gastar cada uno sin discutirlo con su cónyuge les da a ambos cierto margen de libertad e independencia. Decidir juntos en los asuntos de mayor monto los acercará como pareja mientras definen sus razones en pro y en contra de la adquisición.

Muy a menudo el precio del boleto no es el único costo. Cuando compre algo, considere también la licencia, el seguro, las cuotas de socio, el tiempo de viaje, los costos de aprendizaje y el tiempo lejos de su familia.

Lo importante es recordar que, por muy loca que le parezca la idea que tiene su esposo con respecto a una adquisición, él tiene sus razones. Decida escucharlo cuidadosamente mientras explica los beneficios potenciales de la compra para su matrimonio y su familia, y considere respetuosamente lo que él dice. La próxima vez que aparezca una idea loca, podría ser suya, y usted desearía que él la escuchara.

vale la pena pensar

- **Pocas decisiones deben** tomarse de improviso. Si ustedes no pueden llegar a un acuerdo, al menos acuerden posponer la decisión por un tiempo.
- **Los vendedores con** frecuencia pueden ejercer sobre usted una presión poco realista y falsa para que compre ya o pierda el trato. Vayan siempre juntos cuando hagan una adquisición donde la presión para comprar pueda ser un problema.
- **Saber dónde pararse** económicamente les ayudará a ambos para tomar decisiones más sabias. Conozca su balance bancario y el monto de sus deudas, como también los compromisos mensuales ya asumidos. No contraigan demasiadas obligaciones financieras.

> *Supongamos que alguno de ustedes quiere construir una torre. ¿Acaso no se sienta primero a calcular el costo, para ver si tiene suficiente dinero para terminarla?*
>
> Lucas 14:28, NVI

9 pregunta

¿Por qué él le da consejos cuando usted no se los pide?

A menudo, cuando comparte una experiencia con su esposo, usted puede olvidar que él está en "modo solución" mientras que usted está en "modo compartir". Su intención no siempre es solicitar una solución: a veces sólo quiere poder hablarlo. Le ayudará a estructurar sus discusiones darse cuenta de que él no está tratando de interrumpirla, sino que desea tratar con lo que ve como un posible problema y pasar a otra cosa.

respuesta

Cuando su esposo oye algo que le parece que es un problema, su cerebro puede dejar de escuchar el resto de la conversación mientras corre a encontrar la manera de solucionar la situación. Usted quiere hacerle saber cómo se sintió, y él quiere saber cómo detener el daño que usted experimentó. Usted quiere revivir la experiencia, recrearse en las partes que fueron bien, y comprender cómo evitar la parte que la hizo sentir mal.

La mayoría de los hombres disfruta el ejercicio cerebral de evaluar las opciones, considerar las posibilidades, y luego decidir el mejor curso de acción. Ustedes dos desean tomar la mejor decisión posible dadas las circunstancias. Sin embargo, las maneras en que enfocan un problema pueden ser diferentes.

Esto no es una falla de su cerebro, ni tampoco una falla del cerebro de su esposo. Ésta es la manera en que Dios los creó, porque juntos, ustedes son mejores.

Saber que su esposo está haciendo lo que cree que usted quiere que haga —arreglar el problema y darle algunas respuestas— le ayudará cuando él le dé consejos que usted no pidió.

Comprender que él no está criticando su manejo de la situación, sino que sólo quiere ayudarla para evitar una situación similar en el futuro, hará más fácil que usted considere lo que él dice como una información útil. Realmente, no quiere verla herirse otra vez, y sí se preocupa por lo que usted piensa y siente.

vale la pena pensar

- **Hágale saber a su esposo** cuando sólo quiere charlar y no está específicamente buscando consejo. Vendrá el tiempo en que usted querrá su aporte, y seguramente no desea desanimarlo en su disposición a ayudar.
- **Ya que su esposo** realmente desea ayudarla, asegúrese de incluirlo en algunas situaciones en que usted sí quiere algún consejo.
- **No hay nada malo** en hacerle saber que usted ya ha pensado en el problema y tiene una solución, pero que igualmente desea oír su opinión.

Atiende al consejo y acepta la corrección; así llegarás a ser sabio.

Proverbios 19:20, DHH

10 pregunta

¿Cómo puede ayudar a su esposo a ser el líder de su matrimonio?

La primera prioridad del verdadero líder es lo que sea mejor para los intereses de los que lidera. El liderazgo ocurre cuando se combinan la responsabilidad y la autoridad, resultando en una buena administración. El deseo de su esposo de liderar a su familia es algo bueno, y usted puede ayudarlo comprendiendo sus procesos de toma de decisiones, alentándolo cuando está desanimado, y ayudándolo a mantenerse concentrado en sus metas conjuntas.

respuesta

De muchas maneras, el liderazgo en el matrimonio es muy semejante a pasear en balsa en aguas bravas *(rafting)*. En la balsa, todos tienen un remo y se les dice que remen todo lo que puedan. En la parte de atrás de la balsa, hay una persona que se sienta más alto que las demás y puede ver los obstáculos que se aproximan. Esta persona, el oteador, establece la dirección de la balsa y la controla en cierto grado con el timón, mientras los otros balseros impulsan la balsa y le dan la mayor parte de la dirección con la manera en que reman.

Como puede ver, esto da a todos los que van en la balsa un rol a desempeñar para el éxito de la carrera, y permite que cada uno contribuya a la diversión a la vez que se crea un sentido de responsabilidad. Aunque pudiera parecer que el que está sentado más alto dando todas las directivas está haciendo el trabajo más fácil, recuerde que el oteador debe mantenerse alerta en todo momento, mientras que los demás pueden relajarse cuando el río fluye más suavemente.

Considerar su matrimonio de esta manera le permitirá comprender que puede compartir el liderazgo en su matrimonio sin saberlo realmente. Usted ya desempeña un papel en los procesos de toma de decisiones de su esposo por medio de sus aportes y el deseo que él tiene de agradarle. Usted influye sobre quienes la rodean por medio de su ejemplo. Su esposo se siente bien por sus logros y por la parte que usted tiene en sus éxitos.

El liderazgo en el matrimonio no es un acto solista. Significa responsabilidad y compromiso, y significa saber cuándo dejar los remos y permitir que el oteador conduzca.

vale la pena pensar

- **La Biblia dice** que el mejor líder primero debe ser un siervo, y el deseo de usted de compartir el liderazgo debe provenir de un mayor deseo de hacer lo que es mejor para su esposo, su matrimonio y su familia.
- **Usted puede liderar** sin ser vista, al margen, apoyando las decisiones de su esposo y dándole la información que necesita para hacer buenas elecciones.
- **El mejor ejemplo** que puede dar a los demás es reconocer que su esposo decide la dirección para su familia aunque a la vez comparte el liderazgo con usted. Orar juntos regularmente les facilitará establecer un fundamento de acuerdo y comprensión.

> *Donde no hay dirección sabia, caerá el pueblo; mas en la multitud de consejeros hay seguridad.*
>
> Proverbios 11:14

11 pregunta

¿Por qué él necesita sexo para sentirse amado?

Uno de los mayores misterios de la fisiología humana es la diferencia en la reacción sexual entre los hombres y las mujeres. Para su esposo, la necesidad de sexo es más física que emocional. Su necesidad de conectarse físicamente con usted es una expresión de su deseo de conectarse emocionalmente. Su esposo ve la disposición que usted tiene a unirse físicamente con él como una demostración de su amor, vulnerabilidad y confianza en él, porque ésa es la manera en que él percibe su deseo por usted.

respuesta

El funcionamiento sexual masculino se origina en los testículos y las gónadas, que producen esperma y semen de manera continua. Los fluidos se acumulan en los testículos, y necesitan ser liberados por medio de la eyaculación o eventualmente ser reabsorbidos en el cuerpo. Esta acumulación de líquidos seminales genera el deseo sexual, de manera muy similar a cómo la acumulación de leche en el pecho genera la necesidad de amamantar a su bebé. El acto sexual eleva los niveles de hormonas de su esposo, lo que le causa sentimientos de satisfacción y plenitud. El resultado es que él se siente conectado emocionalmente con usted.

Por otro lado, para las mujeres, la relación es importante. Su desempeño sexual se basa más en lo emocional que en lo físico. Por esa razón, probablemente encuentre más difícil ser entusiasta con respecto al sexo después de que usted y su esposo han tenido un desacuerdo. Para usted, la conexión emocional libera las hormonas sexuales y los fluidos que se necesitan para la estimulación y la satisfacción.

Puede resultar fácil pensar que el deseo sexual de su esposo sobrepasa el suyo y llegar a pensar que él carece de dominio propio o respeto. De hecho, su esposo ve el acto sexual en una relación de amor como el mayor cumplido que podría darle a la mujer que ama. El deseo de conectarse con usted más que sólo físicamente demuestra su grado de compromiso con el matrimonio.

vale la pena pensar

- **Comprender la fisiología** de su esposo la ayudará ver que no se trata sólo de él o de satisfacer sus propias necesidades. Él la ama, y quiere demostrarle ese amor en una de las formas físicas más íntimas que conoce.
- **Aunque el amor** es importante, el sexo también es esencial para su relación matrimonial. Elegir satisfacer las necesidades físicas de su esposo es una demostración de amor que él puede comprender.
- **El deseo de su esposo** de unirse emocionalmente con usted muestra su nivel de compromiso con usted y con el matrimonio.
- **La verdadera unidad** es la unión de dos entidades diferentes. La unión física y emocional es una ilustración de la unidad que Dios instauró para el matrimonio.

> *Así también los maridos deben amar a sus mujeres como a sus mismos cuerpos. El que ama a su mujer, a sí mismo se ama.*
>
> Efesios 5:28

12 pregunta

¿Cómo puede la conversación fortalecer su conexión con él?

Puede ser difícil dar o recibir aliento cuando usted se siente emocionalmente separada de quienes la rodean. Se siente conectada con su esposo por lo que comparten, no por lo que difieren. Usted y su esposo son un equipo, esforzándose para terminar una carrera. Como equipo, no hay un ganador absoluto, y ambos ganan cuando cruzan juntos la línea de llegada. La conversación es el punto de partida, y el conectarse emocionalmente el uno con el otro es la línea de llegada.

respuesta

La verdadera conversación es compartir pensamientos e ideas, lo cual satisface una necesidad y reafirma su relación. Pueden sentirse conectados a través de sus conversaciones diarias mientras realizan tareas específicas, tales como decidir quién tendrá tiempo para ir a la tintorería o qué van a cenar. Otra manera de conectarse es por medio de palabras de amor y expresiones de cariño, con las que afirman su relación el uno con el otro.

Las conversaciones más profundas pueden acercarlos en su relación cuando se abren uno al otro de una manera más íntima. El compartir los sueños y los temores crea vulnerabilidad, permitiéndoles la oportunidad de reasegurarse mutuamente su interés y compromiso.

A veces, las conversaciones más importantes contienen pocas palabras. Mostrar apoyo en los momentos difíciles manteniéndose cerca uno del otro dirá mucho más de lo que las palabras podrían expresar. Tomarse de la mano, abrazarse y hasta dar una palmadita en la espalda pueden ser maneras de mostrar que están asequibles física y emocionalmente. Aunque estuvieran entre una multitud, pueden comunicarse su amor e interés el uno por el otro por medio de una mirada o una sonrisa.

El deseo de sentirse en unidad con su esposo es natural. Dios creó el matrimonio para ser una relación íntima entre ustedes, donde se animan y edifican el uno al otro por medio de palabras y acciones. El asegurarse de invertir el tiempo y la energía que necesitan para crear esa intimidad redundará en muchas recompensas para su matrimonio.

vale la pena pensar

- Sentirse conectado tiene especial importancia cuando uno de ustedes se está sintiendo particularmente exhausto por una situación.
- La conexión emocional no se establece sólo porque se casen. Requiere una inversión de tiempo y energía mientras buscan encontrar maneras de elevarse y edificarse el uno al otro.
- A veces, este sentimiento de estar conectado y en unidad aflora cuando menos lo esperan. Busque formas inusuales de mostrarle a su esposo que usted está en la carrera con él, hasta el final.

> *...Corramos con paciencia la carrera que tenemos por delante...puestos los ojos en Jesús...*
>
> Hebreos 12:1b-2

13 pregunta

¿Cómo mantener su conversación viva y emocionante?

Puede ser fácil caer con su esposo en un patrón de diálogo en que tratan solamente las necesidades inmediatas del momento y apagan los incendios de alrededor. Lo más difícil es resolver los problemas diarios y tratar esas cosas que deben ser hechas manteniendo y favoreciendo la intimidad de su relación matrimonial. Usted puede evitar el mero hablar y hacer más interesante su conversación manteniendo al mínimo lo negativo mientras se concentra en los puntos fuertes de su esposo.

respuesta

Muchas personas están siempre interesadas en hablar de lo que les importa, y su esposo no es diferente. Propóngase elevar sus intereses, aliéntelo a hacerse tiempo para eso regularmente. Discutan intereses comunes, y busquen nueva información acerca de esas cosas que ambos disfrutan. Incluso una discusión en que ambos tienen distintos puntos de vista puede ser emocionante cuando comparten sus opiniones y su interpretación sin la presión de tener que cambiar la opinión del otro.

A su esposo lo entusiasmará oír lo que Dios está haciendo en su camino de fe con Él. Comparta sus luchas y victorias con él, y anímelo a compartir las suyas con usted. Disfruten hasta el más pequeño de los logros mutuos. Nunca se sabe cuándo podrá cosechar una perla de información de algo por lo que su esposo ya ha pasado, que pueda aplicarse a una situación que usted está afrontando actualmente.

Cuando usted y su esposo están entusiasmados con sus tiempos de conversación, será más probable que ambos escuchen y contribuyan a la discusión. Desarrollar buenas capacidades de escucha les permitirá entablar una discusión, ofrecer comentarios positivos y alentadores, y aún desafiar sus mutuas capacidades de reflexión. Pronto ambos experimentarán un sentimiento de absoluto entusiasmo con respecto a ese tiempo compartido, que fluirá a otras áreas de su matrimonio.

vale la pena pensar

- Reserven las conversaciones profundas para cuando no estén cansados o distraídos de modo que ambos puedan contribuir y recibir.
- Para generar y mantener el entusiasmo, no sólo hablen. Interactúen el uno con el otro también de maneras no verbales, tales como tomarse de las manos cuando el tema es serio, hacerse cosquillas cuando el tema es gracioso o hacer gestos con las manos al contar una historia.
- Con frecuencia, las conversaciones se transforman en un tiempo de queja o de culpa. Asegúrense de que cada vez que discutan un tema serio, estén cara a cara, ofrezcan soluciones y no se culpen.

> *La angustia deprime al hombre; la palabra amable lo alegra.*
>
> Proverbios 12:25, DHH

14 pregunta

¿Qué afrodisíacos funcionan?

En este mundo agitado, a veces es fácil caer en un patrón o rutina en el lado íntimo del matrimonio. Tal vez hasta haya pensado que su vida sexual podría requerir un poco de condimento. Probablemente, las imágenes de ostras, frutillas y cuernos de rinocerontes pasen por su mente ante el término *afrodisíaco*. La verdad es que muchas veces el mejor afrodisíaco es la actitud que usted tiene hacia su esposo y los momentos de intimidad juntos.

respuesta

Sin importar el tiempo que lleven de casados, la mayoría de las parejas estará de acuerdo en que una vida sexual emocionante es una de las mayores ventajas y, a menudo, lo primero que se queda por el camino. La falta de atención del uno para con el otro, debido a las demandas de los trabajos, los hijos y otras distracciones, pueden disminuir el tiempo y el nivel de energía al final del día.

La buena noticia es que con muy poco esfuerzo, puede volver a incorporar el entusiasmo a sus relaciones matrimoniales sin gastar una fortuna en remedios que pueden producir o no los efectos deseados. En realidad, los estudios han demostrado que la manera en que se sienten los cónyuges el uno con respecto al otro tiene en la excitación sexual un impacto mayor que los afrodisíacos.

Saber cómo interpreta el amor su esposo la ayudará a demostrarle que lo desea mucho tiempo antes de llegar siquiera al dormitorio. Todo lo que usted dice y hace impacta la forma en que su esposo percibe el valor que él tiene para usted.

Usted y su esposo son seres sensuales, así que usen todos sus sentidos en crear un capullo de intimidad entre ustedes. Ambos deberían sentirse seguros uno con el otro, y capaces de expresar libremente lo que les agrada y lo que no. Pónganse de acuerdo de antemano en que este tiempo juntos es un trayecto lleno de gozo, y resuelvan finalizarlo en un lugar encantador y maravilloso.

vale la pena pensar

- Darse el gusto de un nuevo conjunto de sábanas para su cama puede crear un halo romántico para ustedes, así que elija satén, seda o percal de buena calidad que se siente bien en su piel desnuda.
- El contacto es importante para la excitación sexual, así que pasen un periodo extenso explorando cada uno el cuerpo del otro. Usen aceites o cremas perfumadas para masajearse mutuamente.
- Hablarle palabras de amor y respeto a su esposo ¡puede ser para él más estimulador que cualquier cantidad de ostras o frutillas!

> *Mi amado pasó la mano por la abertura del cerrojo; ¡se estremecieron mis entrañas al sentirlo!*
>
> Cantar de los Cantares 5:4, NVI

15 pregunta

¿Cómo puede crear una cena especial para él?

Cuando pensamos en romance y amor, a menudo, surge en nuestra mente un restaurante a media luz, una mesa adornada con lino, cristal y porcelana china. Tal vez tenga un recuerdo especial de una cita donde la cena incluía una vela en la mesa y música suave de fondo. Hay algo en el titilar de una vela que habla de intimidad, de momentos especiales juntos y tomarse de las manos a través de la mesa. Sorprender a su esposo con una cena a la luz de las velas le recordará no sólo esos momentos que pasaron juntos, sino también por qué él se enamoró de usted.

respuesta

Aunque usted y su esposo nunca hayan ido a ese restaurante lujoso antes de casarse, usted puede crear esa salida romántica en su propio hogar. La luz de las velas y otras formas de iluminación cubren una multitud de deficiencias, así que aunque usted no tenga lino fino y cristal y su vino sea simplemente jugo de uva en una copa de agua, el romance estará en el aire.

El esfuerzo extra que usted hace por él para tener una cena a la luz de las velas podría sorprenderlo. Si pregunta qué ocasión especial es, asegúrese de que comprenda que la cena es porque él la merece. Tenga lista una linda cena, tal vez un postre liviano para después, y el marco para el romance está listo.

Sus esfuerzos extra incluso podrían animar a su esposo a devolverle el favor en algún momento futuro y que la sorprenda a usted con una cena especial. Lo importante, sin embargo, es no poner condiciones a este tiempo juntos. Usted hace esto porque lo ama y quiere demostrarle de una manera tangible que lo desea y que sigue creyendo que es el hombre más sexy que ha conocido.

Una cena a la luz de las velas para dos les recordará a ambos que su matrimonio es importante para ustedes, que los momentos de intimidad personal crean mayor cercanía entre ustedes, y que son importantes el uno para el otro.

vale la pena pensar

- **Si tienen hijos,** piensen en enviarlos a dormir a casa de un amigo. Tal vez pueda negociar las noches con una amiga para poder hacer esto más a menudo. Pueden devolverles el favor permitiéndoles tener sus propias noches románticas mientras ustedes cuidan los hijos de ella.
- **La música suave** de fondo ayuda a preparar la escena y también llena esos momentos de quietud en que se contemplan mirándose a los ojos.
- **La luz de las velas** siempre es agradable a los ojos, suaviza las arrugas y da brillo a sus ojos.

> *Tú, al verlos, estarás radiante de alegría,*
> *tu corazón se llenará de gozo.*
> Isaías 60:5, DHH

16 pregunta

¿Qué puede hacer usted si no se siente sexy?

Hay muchas circunstancias que robarán su gozo y su entusiasmo por el sexo y la intimidad, incluyendo la falta de energía, los conflictos no resueltos, las distracciones externas y los sentimientos negativos hacia su autoestima. Tratar con estas barreras abrirá las puertas a una mejor experiencia sexual para ambos y fortalecerá y profundizará su relación matrimonial. Sentirse sexy y atractiva será un resultado natural de su matrimonio fortalecido, lo cual a su vez le traerá más entusiasmo por su esposo y sus momentos de intimidad.

respuesta

La falta de energía no sólo socavará su deseo sexual sino que además robará su salud física, mental y emocional. Los conflictos no resueltos entre usted y su esposo abrirán entre ambos una brecha que finalmente alterará su relación. Las distracciones externas tales como la televisión, el esparcimiento, y hasta los empleos crearán demandas de usted y de su tiempo, llevándola a menudo en diferentes direcciones. Cómo se vea a sí misma condicionará cuánto placer reciba de la vida en general y de la intimidad en particular.

El lugar para comenzar es en cómo se siente acerca de sí misma. Usted fue creada por Dios para ser una criatura cariñosa y sensible, capaz de tomar buenas decisiones. Usted no es víctima de su pasado, sin importar cuán horrible haya podido ser. Cuando comprende lo que Dios siente acerca de usted, puede dejar ir su propia visión de sí misma y verse como Dios la ve. Usted es más que adecuada para ser esposa, madre, amiga y lo que sea que su esposo y su familia necesiten que sea.

vale la pena pensar

- **Si siempre está cansada,** considere la posibilidad de tomar un suplemento vitamínico o mineral. Las mujeres norteamericanas tienden a tener deficiencia de magnesio y de hierro. Consulte con su médico. Dedicar tiempo a cuidar sus necesidades físicas le da mayor energía para la intimidad.
- **Su capacidad de** dar y recibir amor y placer está directamente relacionada con el que se vea digna. El sentirse digna la hace más deseable.
- **Sentirse sexy se** relaciona con cómo se siente consigo misma. Dese el gusto de hacerse una manicura, tome un prolongado baño de espuma, vaya a hacerse masajes o compre ropa interior bonita. Su esposo merece la inversión.

> *Ni la esposa es dueña de su propio cuerpo, puesto que pertenece a su esposo, ni el esposo es dueño de su propio cuerpo, puesto que pertenece a su esposa.*
>
> 1 Corintios 7:4, DHH

pregunta

¿Cómo le hace saber lo que realmente la estimula?

respuesta

¡Oh, si él me besara con
besos de su boca!
Porque mejores son tus
amores que el vino.
Cantar de los Cantares 1:2

17 pregunta

¿Cuál es la mejor manera de incorporar tiempo para la pareja en su ocupada agenda?

Hay muchas cosas que llenan su agenda, incluyendo trabajos, familia, pasatiempos, el cuidado de su hogar, ir de compras y preparar comidas. Parece que no hay suficientes horas en el día para hacer todas las cosas. Lo que suele con demasiada frecuencia es que se descuida el tiempo de ustedes como pareja porque todo y todos los demás tienen prioridad. Si no se proponen programar tiempo para la pareja, no lo tendrán.

respuesta

Muchas veces, las parejas encuentran que han llenado tanto sus programas con otros compromisos que no tienen tiempo para ellos como matrimonio. Esto puede ocurrir cuando usted siente que su matrimonio está firme y seguro y no necesita mimos. También puede ocurrir cuando alguna otra área de su vida parece más necesitada que su matrimonio. El empleo, los hijos y las actividades cotidianas pueden llevarle la mayor parte de su tiempo.

En vez de intentar agregar a su lista el tiempo que necesitan, busquen algo que puedan sacar de ella, y reemplácenlo con su tiempo de pareja. Hagan cosas en las que puedan hablarse uno al otro en vez de aquellas que requieren escuchar algo o a alguien.

Elijan actividades que les gusten a ambos y háganlas juntos. Los pasatiempos compartidos crean un vínculo de confianza que fortalece su matrimonio. Ambos podrían decidir dejar algo que harían separadamente para posibilitarse un tiempo que compartan.

Los calendarios llenos y las agendas repletas no redundan en matrimonios plenos. Concéntrense uno en el otro y en su relación matrimonial, y los beneficios desbordarán hacia todas las áreas de sus vidas. La clave para encontrar tiempo para su pareja es querer tenerlo. Siempre habrá razones para no buscar una buena excusa para pasar más tiempo juntos.

vale la pena pensar

- **El agotamiento puede robarle** su entusiasmo para disfrutar el tiempo que pasan juntos. Acuéstense temprano una noche por semana, y hablen hasta quedar dormidos.
- **La buena noticia** es que el tiempo de pareja no tiene que ser otra cosa para hacer. Ansíe pasar tiempo con el amor de su vida, y se transformará en gozo, no en una tarea.
- **Durante su tiempo** de pareja, deberían poder hablar si lo desean o no. Busquen maneras de pasar tiempo juntos a solas.

Juntos comunicábamos dulcemente los secretos, y andábamos en amistad en la casa de Dios.

Salmo 55:14

18 pregunta

¿Y si usted necesita estar sola?

Hay muchas razones para desear pasar tiempo a solas, incluyendo el sentirse abrumada o tener la necesidad de resolver algún asunto que está afrontando. Sin embargo, si su esposo percibe que estar sola no es la respuesta, puede tratar de inmiscuirse en esa soledad. El renovarse le permite brindarle más tiempo y energía a su esposo cuando esté con él. Establecer pautas para que ambos sepan cuándo estar sola es lo mejor para usted es clave para hacerle saber que eso será bueno.

respuesta

El pasar tiempo a solas parece ir, en primer lugar, contra una de las razones por las cuales usted se casó, que fue pasar tiempo juntos. En sus vidas ajetreadas, el tiempo compartido ya escasea, por eso a su esposo puede no agradarle la idea de que usted pase más tiempo aparte que el necesario. Asegúrense de pasar juntos tiempo de calidad todos los días, aunque sea sólo unos minutos.

Como la energía que gasta en construir la relación puede estar agotándose, usted necesita un mecanismo de restauración. A veces, el agotamiento emocional es tan fuerte que usted puede no ser capaz de expresar adecuadamente su deseo. Hay muchos ejemplos bíblicos de personas que pasaron tiempo a solas buscando dirección y restauración, incluyendo David, Moisés y Jesús.

La comunicación es clave para comprenderse. Explicar a su esposo que usted simplemente necesita tiempo para recobrarse creará el marco para que él acepte su tiempo a solas. Debería pasar ese tiempo en actividades que la refresquen y renueven su mente, su espíritu y su cuerpo.

Muchas veces, recibirá ideas y soluciones a situaciones y problemas que no lograba comprender, y podrá compartirlo con su esposo. Esto no significa que usted no necesite su aporte, porque sí lo necesita. Hágale saber que aprecia su interés, y reafirme su amor por él, pasando tiempo extra de calidad con él antes y después de estar a solas.

vale la pena pensar

- **Si su esposo** ve que el tiempo que usted pasa sola produce los resultados deseados, es mucho más probable que en el futuro él la anime a pasar ese tiempo.
- **No use este tiempo** a solas como un castigo por los desacuerdos. Su tiempo a solas debería ser siempre positivo, aunque usted esté considerando un problema.
- **No todos necesitan** la misma cantidad de tiempo a solas. Trate de estructurar su tiempo durante periodos en que su esposo esté ocupado con otra cosa.

> *Hazme volver, y seré restaurado; porque tú, mi Dios, eres el Señor.*
>
> Jeremías 31:18, NVI

19 pregunta

¿Cómo puede tener una verdadera conversación con él?

Los hombres y las mujeres definen la *conversación* en diferentes términos. Si usted le preguntara a su esposo cómo podría tener una verdadera conversación con él, argumentaría que tiene verdaderas conversaciones cada vez que habla con él. Para él, la conversación es intercambiar información y hallar soluciones. Usted define la verdadera conversación como llegar al meollo de la cuestión, estableciendo y profundizando su conexión emocional con la otra persona. Conocer esta diferencia de expectativas le ayudará a comprender mejor cómo se comunica él.

respuesta

Para usted, la verdadera conversación incluye compartir sentimientos, lo cual es algo que su esposo tiende a evitar. Los muchachos son educados para mantener en reserva sus emociones y, por lo tanto, muchos hombres encuentran difícil poder expresar sus sentimientos en palabras. Cuando usted comparte, se hace vulnerable a la otra persona, y muchos hombres no están dispuestos a correr ese riesgo.

El primer paso para profundizar el contenido de las conversaciones con su esposo es hacer que hablar con usted sea un lugar seguro para él. Necesita saber que usted lo escuchará con respeto, que no ridiculizará o menoscabará sus sentimientos o pensamientos, que no compartirá lo que él dice con nadie más, a menos que él mismo diga que está bien y que usted le dará un consejo sólo cuando se lo pida.

Para su esposo, el respeto y el amor van de la mano. Respetando sus sentimientos y sus decisiones, fortalecerá su relación con él.

Cuando se abra a conversaciones más profundas, aliéntelo al escucharlo con interés y de forma respetuosa.

La verdadera conversación puede introducir en su matrimonio un nivel de intimidad que nunca pensó que fuera posible. Poder expresar sus verdaderos sentimientos a esa persona única en el mundo con quien debería sentirse seguro es liberador, y es la propia esencia de cómo Dios diseñó la relación matrimonial.

vale la pena pensar

- Si su esposo tiene dificultad para abrirse a usted, trate de hacerle preguntas que requieran más que un sí o un no por respuesta.
- No introduzca más de un tema en una conversación, de modo que no se vaya por la tangente para evitar un asunto difícil.
- Comience poco a poco, con pequeños incrementos. Reserve los asuntos difíciles para los momentos en que ambos tengan tiempo y energía para dedicarles. Permítanse hablarse abiertamente, haciendo pausas después de dos o tres oraciones, dándose mutuamente la oportunidad para analizar y dense tiempo cada uno para que el otro responda.

Su conversación debe ser siempre agradable y de buen gusto, y deben saber también cómo contestarse mutuamente.

Colosenses 4:6, DHH

20 pregunta

¿Por qué él necesita que usted lo respete?

El respeto es difícil de ganar y fácil de perder. Las malas decisiones, los secretos, las promesas no cumplidas llevan a sentimientos de falta de respeto. Su esposo asocia el respeto con la esencia de su ser; eso define quién es él para los demás. Para su esposo, una falta de respeto no es simplemente una diferencia de opinión, invade todo lo que él piensa y hace. Su esposo necesita saber que usted lo respeta así como usted necesita saber que él la ama.

respuesta

Aunque su esposo parezca ser muy fuerte, del tipo tranquilo, en su interior busca ansiosamente la validación de la gente que a él le importa. Su respeto confirma su valor y edifica su valentía para salir y enfrentar el mundo. Sin eso, experimentará dudas acerca de sí, que pronto se manifestarán en todas las áreas de su vida.

Comprender que su esposo desea lo mejor para usted y su familia la animará a confiar en él en su proceso de toma de decisiones. Ofrecerle consejo cuando él se lo pida le dice que puede contar con usted cuando necesite una segunda opinión o un aporte adicional. Cuando usted respeta a su esposo, él lo siente y es animado y fortalecido por eso.

La confianza que él adquiere de saber que usted lo respeta sobreabundará en todas las áreas de su vida, incluso su profesión, sus amistades, su familia y su relación. Usted experimentará mayores niveles de toda forma de intimidad con él. Esta nueva confianza resultará en mejores decisiones, conversaciones más profundas y desarrollo de las relaciones.

Manifestar respeto por su esposo la beneficiará tanto como a él. Usted se sentirá mejor con respecto a su esposo en general, y esto creará un ciclo de más amor, más respeto y más confianza, resultando en más amor. ¡Qué fantástica situación en que ambos se benefician!

vale la pena pensar

- **Cómo piensa un hombre** de sí mismo determinará cómo trate a los demás. Aliente a su esposo cada día identificando al menos una buena decisión que haya tomado ese día.
- **El respeto y** la confianza van de la mano. Su esposo considera su confianza en las decisiones que él toma como un barómetro de su respeto hacia él.
- **Aunque es importante** la forma en que su esposo ve sus logros, usted también puede respetarlo por causa de la relación con usted y sus hijos.

> *En todo caso, cada uno de ustedes ame también a su esposa como a sí mismo, y que la esposa respete a su esposo.*
>
> Efesios 5:33, NVI

21 pregunta

¿Cómo puede mostrar respeto sin ser malinterpretada?

A veces, puede parecer que si usted y su esposo hablaran lenguajes totalmente diferentes. Cree que le está diciendo que lo respeta, pero él malinterpreta lo que usted dice. Su esposo lee entre líneas lo que usted le dice, aunque parezca que no. Su interpretación de lo que usted dice puede no ser la que usted se propuso. Cuando eso ocurre, es importante hablarle de una manera que él comprenda.

respuesta

Su esposo puede confundir fácilmente cómo le habla con la manera en que él comprende lo que usted dice. Como resultado, una pregunta de su parte puede sonar como si usted lo estuviera cuestionando o tratando de socavar su decisión, cuando todo lo que desea es comprender lo que él le dice. Esto no significa que usted nunca pueda hacer preguntas. Sin embargo, su esposo sabrá la diferencia entre hacer preguntas para comprender y hacer preguntas para socavar o erosionar su confianza. Puede comenzar repitiendo lo que entendió de lo que él acaba de decir, y permitiéndole aclarar cualquier malentendido inmediatamente.

Muéstrele respeto al no hablar de él de manera negativa, mostrando solidaridad con sus decisiones, hablando positivamente de su relación mutua, y alentándolo en su carrera y en sus amistades. Usted y su esposo pueden aclarar muchos conceptos erróneos hablando de sus inquietudes cuando tengan lugar. Aunque al principio pueda estar reticente a hablar abiertamente, estará más dispuesto a hacerlo si ve que usted realmente quiere su aporte y no está tratando de culparlo. Tratar inmediatamente los problemas y las inquietudes asegurará que no se filtren rencores.

Las palabras no son la única manera de mostrar respeto. A veces, las acciones hablan todavía más fuerte, de modo que preste atención a los pequeños detalles de su matrimonio, y asegúrese de que todo lo que diga repercuta bien en él como esposo, padre y proveedor.

vale la pena pensar

- **Antes de dormirse** esta noche, dígale a su esposo cinco maneras en que él le demostró que la ama. Reconocer el amor que él tiene hacia usted muestra que usted respeta cómo lo hace.
- **Permítale que él** le haga cumplidos sinceros y acéptelos cortésmente. Él lo ve como una expresión de su capacidad para ganar y proveer para una hermosa mujer.
- **Poner las necesidades** de su esposo antes que las suyas propias lo valida y le ayuda a sentirse mejor con respecto a sí mismo, y el amor sacrificial la ayudará a sentirse todavía mejor consigo misma.

El amor es sufrido, es benigno; el amor no tiene envidia, el amor no es jactancioso, no se envanece.
1 Corintios 13:4

22 pregunta

¿Por qué respetar sus decisiones es tan importante?

Los hombres tienden a ver la información que se les presenta como algo para resolver, sea buscando una solución o incorporándola en la solución a un problema ya existente. El tomar decisiones sabias, especialmente cuando impactan en usted y su matrimonio y familia, es esencial para su esposo. Su esposo busca en usted la validación de sus decisiones porque eso es parte importante de cómo se percibe a sí mismo.

respuesta

Su esposo comprende que la disensión causa separación, y ésa no es su meta. Él valora su aporte y necesita su apoyo para implementar sus decisiones a fin de que ambos se beneficien del buen resultado esperado. La decisión no es lo más importante. El acuerdo entre ustedes dos sí lo es.

Usted puede demostrarle su deseo de estar de acuerdo haciendo preguntas para asegurarse de que ha comprendido la situación y conseguir información si la necesita. Permita que le cuente su decisión al inicio, antes de ofrecerle su opinión, para no influenciarlo. Discutir las opciones juntos significa que cada uno llegará a comprender mejor cómo piensa el otro.

Su esposo realmente desea tomar buenas decisiones, y usted puede mostrarle respeto tomando parte en las decisiones de buena gana, hablando positivamente de los resultados, y alentándolo en su proceso de toma de decisiones. Comprométanse a aprender cómo tomar mejores decisiones juntos, sin importar los resultados. Una buena meta es que esas decisiones sean decisiones conjuntas, a las que ambos puedan reclamar como propias.

vale la pena pensar

- **Una decisión conjunta** será más sólida y más unificadora que una decisión individual. Cuando busca el consejo de su esposo antes de comprar un artículo de gran valor, usted le está diciendo que valora su aporte.
- **Pocas de las** decisiones que cualquiera de ustedes tome serán esenciales, pero si permiten que como resultado de una mala decisión surjan resentimientos entre ustedes, eso cambiará la faz de su matrimonio.
- **Más allá de** cual sea el resultado de una decisión, esté dispuesta a discutir con su esposo lo que ambos han aprendido y pónganse de acuerdo en que continuarán trabajando juntos para tomar futuras decisiones.

> *Todo Israel oyó aquel juicio que había pronunciado el rey, y temieron al rey, pues vieron que Dios le había dado sabiduría para juzgar*
>
> 1 Reyes 3:28, DHH

23 pregunta

¿Cómo puede darle honra por medio de sus palabras?

Para su esposo la honra y el respeto están íntimamente relacionados. Sólo se sentirá amado cuando crea que es honrado y respetado. El *respeto* es su actitud, mientras que la *honra* es la demostración externa de ese respeto. El viejo dicho: "El mejor halago es que a uno lo imiten" también es verdadero para dar honra: usted honra a la persona a quien imita cuando la imitación se realiza con sinceridad.

respuesta

La honra sin respeto es vacía. El honrar se demuestra a través de sus palabras y actitudes cuando su esposo está presente, y también por medio de lo que dice y hace cuando él no está. Una de las mejores maneras de honrarlo con sus palabras es ser constante en lo que dice, sea que él esté a su lado o no.

Otra manera en que usted honra a su esposo es enfocando una decisión de la misma manera en que él lo haría. Cuando los demás ven que su autoridad en una decisión es la misma que la de su esposo, usted genera una impresión de unidad y fortaleza. Al tratar bien a los demás en su manera de hablarles, hará que ellos piensen bien de usted y su esposo.

Usted puede honrar a su esposo sustituyéndolo cuando él no está disponible. Esto puede ser al disciplinar a los hijos o tratar con un cliente o un acreedor. La consistencia es la clave para honrar exitosamente a su esposo. El tono de voz y el lenguaje corporal pueden ser más importantes que las propias palabras. Asegúrese de que los tres están alineados de modo que su esposo y los demás puedan oír no sólo lo que usted está diciendo, sino lo que quiere decir.

Los halagos sinceros y las palabras positivas no siempre son algo frecuente. El elegir honrar a su esposo cada día mediante lo que usted dice la hará sentir mejor consigo misma y con su matrimonio.

vale la pena pensar

- **Si tiene una discusión,** evite usar las palabras *nunca* o *siempre*. Estas palabras generalmente exageran y rara vez son verdad. Su objetivo debería ser edificar a su esposo y su matrimonio.
- **Exalte a su esposo** frente a los demás. Deje la discusión para después cuando estén solos.
- **No haga bromas** de él en público a menos que ambos estén de acuerdo en que el incidente fue gracioso y está bien compartirlo con los demás.

Su marido es conocido en las puertas, cuando se sienta con los ancianos de la tierra.

Proverbios 31:23

24 pregunta

¿Cuándo el silencio es la mejor respuesta?

Definir cuándo no hablar es una de las lecciones más difíciles de aprender en un matrimonio. Usted se casó para poder pasar más tiempo juntos y compartir sus pensamientos más íntimos y sus sueños con su esposo, y ahora tiene que imaginarse cuándo retroceder y dejar que él tenga un poco de silencio. El arte de saber cuándo hablar y cuándo no es algo que usted puede aprender, y redundará en muchas recompensas para usted y su matrimonio.

respuesta

La mente de una persona puede absorber sólo cierta cantidad de información antes de tener que detenerse para procesarla. Puede suceder que usted infiera que su esposo no está interesado, y que eso esté muy lejos de la verdad. Él sencillamente podría estar cansado o distraído con sus propios pensamientos. Recuerde que a veces su esposo puede estar abrumado y que usted puede darle tiempo para recuperarse antes de comenzar otra conversación.

Estar en silencio no significa que usted no tenga algo que aportar. No es necesario que usted exprese todo pensamiento que tenga, y en verdad, no todos los pensamientos deberían expresarse. Si percibe que su esposo está física o emocionalmente cansado, deje las discusiones serias y las decisiones importantes hasta que él esté listo para tratarlas. Ofrezca siempre soluciones si están discutiendo un problema o una inquietud. Si hay poco tiempo, no saque a relucir un tema importante. Espere hasta que ambos tengan más tiempo.

Si siente que su esposo ha tomado una mala decisión, no lo culpe. Su esposo sabe si cometió un error y no necesita que usted le diga: "Te lo dije". Lo que necesita saber es que usted lo sigue amando y que buscarán juntos una solución. Eso puede esfumar rápidamente sus sentimientos de fracaso.

La Biblia dice que usted sólo debería usar palabras que animen y edifiquen a la persona con quien habla. Cuando esa persona es su esposo, encontrará que lo está ayudando a convertirse en una mejor persona.

vale la pena pensar

- Nunca tendrá que retractarse de las palabras que no dijo. Si se pregunta si debería decir algo, espere cinco minutos. Si todavía es necesario que lo diga, hágalo con amor y tacto.
- Cuando usted y su esposo hablan, permanecer en silencio a veces le permitirá a él desahogarse contándoselo. Recuerde, no le está pidiendo consejo. Sólo necesita hablarlo y ya está.
- Si piensa que la discusión se está volviendo una riña, deje de hablar y pida tiempo. Recuérdense uno al otro que el propósito de la discusión no es pelear, y que cada uno es el mejor amigo del otro. Retomen la discusión cuando ambos estén más tranquilos.

> *No salga de vuestra boca ninguna palabra mala, sino sólo la que sea buena para edificación, según la necesidad del momento, para que imparta gracia a los que escuchan.*
>
> Efesios 4:29, LBLA

25 pregunta

¿Cómo lo apoya cuando él lucha con una decisión?

Luchar con una decisión no es señal de debilidad o incapacidad de parte de su esposo. Si él lucha, es porque quiere tomar la mejor decisión posible. Recordarle que usted está allí para ayudar si él la necesita, y que sabe que él puede tomar una decisión correcta, puede ser todo lo que él necesite para seguir adelante y tomar resoluciones. Sugerir otros recursos puede alentarlo en que no está solo en el proceso de decidir.

respuesta

A menudo, su esposo puede estar luchando con una decisión porque siente que le falta información para hacer la elección correcta. Por esto, es muy importante la parte que usted tiene en ayudarle a tomar esa decisión. Recuerde que tomar decisiones requiere información. Esté preparada para brindarle cualquier información y ayuda que necesite para recabar los detalles requeridos a fin de solucionar el problema. Ofrezca su ayuda para realizar una investigación, tal vez por medio de llamadas telefónicas, o incluso en la internet o la biblioteca.

Usted puede saber si su esposo está luchando por la forma en que reacciona cuando usted le habla de un problema. Él puede desear hablar de la decisión todo el tiempo, adelantando numerosas soluciones pero sin elegir ninguna. Alternativamente, puede rehusarse por completo a discutirlo. Ayúdelo a liberar su fuerza para el proceso de decidir alentándolo en que usted sabe que él puede elegir el mejor curso de acción disponible dadas las circunstancias.

Cuando ve una demora en tomar la decisión, no se fastidie ni lo cuestione al respecto. En cambio, pregunte si hay algo que pueda hacer para ayudarlo en el proceso. Muchas veces, puede estar trabajando paso a paso en la decisión, y usted quiere hacerle saber que desea ayudarlo de cualquier manera que él considere útil.

Si ve que realmente está estancado en tomar una decisión, sugiérale que hable con otra persona al respecto. Recuérdele a alguien que él conoce que haya tomado una decisión similar en el pasado. Recuérdele a su esposo que otros han pasado por lo mismo, y que esas personas podrían ser una buena fuente de información.

vale la pena pensar

- **Recuérdele a su** esposo victorias pasadas sobre decisiones similares. En la Biblia, el recordar las victorias pasadas contra el león y el oso fortaleció a David para decidirse cuando enfrentó a Goliat.
- **Si rehúsa su** ofrecimiento de ayuda, hágale saber que está disponible por si él piensa algo más adelante. Mantenga abiertas las vías de comunicación.
- **A veces, la mejor solución** para un dilema es considerarlo al día siguiente. Sugiérale a su esposo que espere hasta el día siguiente, cuando la solución podría ser más obvia.

Oirá el sabio, y aumentará el saber, y el entendido adquirirá consejo.
Proverbios 1:5

26 pregunta

¿Cómo lo ayuda a perseverar cuando las cosas andan mal?

Puede ser desalentador y deprimente no solucionar las cosas de la manera en que se esperaba. Sea debido a una mala elección o como resultado de circunstancias externas sobre las cuales no tuvo control, las cosas saldrán mal de vez en cuando. La manera en que vea estas situaciones, como una catástrofe o una oportunidad para triunfar, determinará el resultado para ustedes como individuos y como pareja.

respuesta

El fracaso o aún lo que se percibe como fracaso suele ser más difícil para su esposo que para usted. Los hombres son muy movidos por el éxito, y sus logros repercuten en ellos y en sus capacidades de una manera personal. Recordarle a su esposo sus logros pasados le ayudará a quitar de su mente esa percepción de fracaso.

En vez de empantanarse en la situación, la acción suele ser la mejor manera de superarla. Busquen juntos una solución para el problema, aunque parezca que está fuera de control. Una actitud victoriosa los hará sentir ganadores a ambos.

Es importante no culparse uno al otro ni hacerse acusaciones, sea cual fuere la razón de ese mal resultado. Determinen que están en esto juntos y que juntos lo solucionarán. El estar de acuerdo en una solución es importante, porque juntos son más fuertes que individualmente.

A veces, el mejor curso de acción cuando alrededor todo parece derrumbarse es tomar un poco de escombros y comenzar a reconstruir. Hable con alguien que haya pasado por una situación similar y apliquen lo que él aprendió. Recoja los pedazos y siga reedificando. Pocas situaciones son tan funestas que no haya absolutamente nada bueno que encontrar. Busque un resquicio de esperanza en el nubarrón y aférrese a la esperanza que encuentre allí.

vale la pena pensar

- **Si su esposo** no responde a sus intentos para cambiar su forma de pensar del fracaso a la solución, es especialmente importante que usted mantenga una buena actitud.
- **Aliéntelo, elógielo aun** en cosas pequeñas, y elijan seguir adelante con su vida. Hagan planes para el futuro inmediato y el lejano.
- **Traten y expresen** cualquier temor que puedan tener individualmente y como pareja. Definan un curso de acción para tratar con esos temores.

Gozoso en la esperanza; sufridos en la tribulación; constantes en la oración.

Romanos 12:12

pregunta

¿Cómo le ayuda a soñar un gran sueño?

respuesta

"Después de esto, derramaré mi Espíritu sobre todo el género humano. Los hijos y las hijas de ustedes profetizarán, tendrán sueños los ancianos y visiones los jóvenes."

Joel 2:28, NVI

27 pregunta

¿Cómo lo alienta en su trabajo sin interferir?

Puede ser fácil querer dar su opinión cuando ve a alguien que ama ser tratado injustamente, especialmente en un área tan importante como una profesión. Puede haber situaciones en que usted quiere hacer un aporte respecto a la situación laboral de su esposo, incluyendo la falta de ascenso o reconocimiento, las demandas de tiempo y los conflictos con los compañeros de trabajo. Sin embargo, es importante recordar que ése es el empleo de su esposo, sus relaciones, y su responsabilidad de mantenerse firme en lo que es correcto.

respuesta

Mientras soluciona la situación, espere hasta que él le pida consejo antes de dárselo. Permitir que él llegue a una solución le dará autoridad para tomar decisiones y le demostrará que usted confía en él. Su esposo necesita sentir que tiene el control de su empleo y su carrera y si usted se adelanta antes de que él lo pida le hará sentir que no puede dirigir este aspecto de su vida.

Alentar a su esposo a hablar de la situación con usted es una buena manera de dejarlo que solucione sus asuntos. No ofrezca recurrir a ningún favor con que usted pueda contar a menos que él se lo pida. No lo moleste si parece estar dedicando una cantidad inusual de tiempo a resolver la situación. Dígale que lo aprecia a él más que a su puesto.

Aunque su esposo no exprese ningún sentimiento específico de desánimo con respecto a su trabajo, podría tener una sensación general de querer algo más. Aliéntelo diciéndole que está orgullosa de que él provea para su familia y de que vaya a trabajar aunque no siempre tenga ganas de hacerlo. Hágale saber que aunque usted no comprenda totalmente la situación, está disponible para ayudar en lo que fuere que él necesite.

vale la pena pensar

- **Cree un oasis** de seguridad y calma en su hogar, definiendo tiempos específicos en que no discutirán problemas que él pueda tener en el trabajo como la cena o antes de ir a dormir.
- **Si percibe que** su esposo está reticente a hablar con el gerente, ofrézcale hacer una dramatización improvisada de la situación y ayúdelo a tratar con sus temores.
- **Aliente a su esposo** a hablar con alguien de fuera de su trabajo en quien confíe.

> *¡Que el Señor te recompense por lo que has hecho! Que el Señor, Dios de Israel, bajo cuyas alas has venido a refugiarte, te lo pague con creces.*
>
> Rut 2:12, NVI

28 pregunta

¿Cómo equilibra usted el trabajo y el esparcimiento?

Hombres y mujeres suelen caer en uno de los dos extremos con respecto al equilibrio entre el trabajo y el esparcimiento: o todo trabajo y nada de esparcimiento, o todo esparcimiento y nada de trabajo. Cualquiera de estas situaciones puede ser frustrante. Comprender el enfoque de su esposo y saber cuándo es apropiado desviar su atención de un extremo a otro les ayudará para que ambos alcancen sus metas.

respuesta

Puede ser fácil pensar que trabajar todo el tiempo ayudará a progresar o, en algunos casos, siquiera a ponerse al día. Encontrará, sin embargo, que trabajar todo el tiempo no es la respuesta. Encontrar el equilibrio justo entre trabajo y esparcimiento da como resultado ser más productivo en el trabajo y obtener mayor revitalización del esparcimiento.

Ya que su esposo se ve a sí mismo a través de sus logros, su carrera puede ser una medida del éxito para él. Anímelo a equilibrar su éxito en el trabajo con su éxito en otras áreas de la vida, incluyendo su matrimonio, su familia y sus demás relaciones.

Si cree que hay un desequilibrio entre el tiempo que pasa en el trabajo y el que dedica al esparcimiento, hable con su esposo de sus inquietudes. Pídale sugerencias y tomen algunas decisiones juntos respecto a sus metas como pareja. La fatiga continua, la irritación por pequeñas cosas, y los sentimientos de estar abrumado pueden ser señales de que pasa demasiado tiempo trabajando.

No hay nada malo en trabajar mucho, así como no hay nada malo en tener tiempo libre. Usted puede mantener un equilibrio entre los dos apartando tiempo de esparcimiento que esté libre de distracciones y asegurándose de que su tiempo de trabajo sea productivo.

vale la pena pensar

- Si encuentra difícil tomarse unas largas vacaciones por compromisos de trabajo, planifiquen salidas cortas de dos o tres días por vez a lo largo del año.
- La Biblia dice que lo que invierte es lo que tendrá en el futuro. Manténganse concentrados en lo que realmente refleja su valor como pareja: su matrimonio, su familia y su fe.
- Si los gastos están poniendo una carga adicional sobre su esposo, busque maneras de reducirlos en vez de tener que incrementar los ingresos.

> *Seis días trabajarás, y harás toda tu obra; mas el séptimo día es reposo para Jehová tu Dios.*
> Éxodo 20:9-10

29 pregunta

¿Cómo lo alienta cuando a él le ofrecen otro empleo?

El cambio de trabajo a menudo implica cambiar de empleadores y de lugares, y esto puede resultar difícil para ambos. Las inseguridades acerca del éxito y de su capacidad para proveer para su familia serán el primer enfoque de su esposo; las inquietudes por la pérdida de ingresos y de relaciones serán el suyo. Hablar sobre el ofrecimiento de trabajo de manera lógica y en unidad será muy importante para alentar a su esposo durante este tiempo y les ayudará a ambos a afrontar juntos estos problemas.

respuesta

Una manera de tratar la situación es buscar buenas razones para cambiar de empleo ahora. Enumerarlas en un papel las hará concretas para ustedes dos. Este también sería un buen momento para discutir cómo manejar cualquier falta de ingreso entre el último sueldo de su empleador actual y el primero de su nuevo puesto. Enumere los pros y los contras de su empleo actual y del nuevo, y muestre lógicamente cómo se alcanzarían sus metas. Verifique los precios de viviendas, las escuelas, las iglesias y otros servicios de modo que su esposo no tenga que ocuparse de esto.

Deje de concentrarse en usted personalmente y concéntrese en los beneficios de la oferta de trabajo. Si ustedes se reubican o no, su círculo de amigos probablemente cambie de alguna manera. El hablar positivamente de estos cambios y de cómo incorporar estas nuevas relaciones a su situación familiar liberará a su esposo de preocupaciones en cuanto a cómo puede impactar a su familia esta decisión.

Su esposo puede encontrar difícil discutir sus preocupaciones. Ofrézcale su ayuda para tomar la decisión, y luego confíe en que él desea decidir lo mejor posible. A veces, el mejor aliento será apoyarlo durante el proceso.

vale la pena pensar

- **Usted puede quitar** presión de su esposo estableciendo proactivamente un presupuesto para adaptarse al nuevo ingreso, incluyendo planes concretos para el dinero extra. Ver los beneficios tangibles del cambio de empleo puede facilitar mucho la decisión para ambos.
- **Si usted también** trabaja fuera de su casa, investigue ejemplos de posibles empleos para usted si tienen que mudarse.
- **Esta situación puede** permitir cambios que mejoren su estilo de vida, al tomar decisiones que antes no pensaba que fueran posibles, tales como elegir quedarse en su hogar, tener un trabajo de medio tiempo, volver a la universidad o comenzar su propio negocio. Aproveche esta oportunidad.

> *Que estéis perfectamente unidos en una misma mente y en un mismo parecer.*
>
> 1 Corintios 1:10b

30 pregunta

¿Cómo evita molestarlo?

Molestar o fastidiar es generalmente el resultado de una inactividad percibida. Usted cree que él debería estar haciendo algo y no lo está. Muy a menudo lo que ocurre cuando usted lo molesta es que él resiste sus esfuerzos por dirigir sus acciones. Cambiar su enfoque de lo que usted quiere que haga a lo que él necesita hacer para alcanzar las metas de su matrimonio es la clave para no caer en el ciclo de fastidiar y resistir.

respuesta

Puede comenzar con sentarse y hablar con su esposo acerca de las frustraciones que está experimentando. Cada uno de ustedes puede preparar una lista de sus obligaciones para las metas y proyectos a corto y a largo plazo. Si es posible, incluya cuánto tiempo y dinero necesitarán para realizar el trabajo. Comparen sus listas personales, priorícenlas y definan cuáles proyectos no son necesarios o pueden ser demorados. Decidan quién completará las tareas basándose en las capacidades y los tiempos.

Asignen un tiempo para comenzar el proyecto en cuestión y decidan sentarse juntos otra vez en unas semanas para ver cómo están progresando. Esto les da la oportunidad de hacer una necesaria revisión de las listas y de sus logros.

El molestar y fastidiar no sólo tiene que ver con listas de obligaciones. Las actividades diarias, tales como sacar la basura o poner la vajilla en la lavadora, también pueden volverse materia de discusión. Hable con su esposo sobre cualquier asunto que la irrite, y tenga en cuenta su aporte. Probablemente habrá áreas donde será necesario el compromiso, pero en la mayoría de los casos encontrará que una discusión tranquila logrará más que el fastidio.

Ambos están en el mismo equipo y quieren lo que es mejor para su matrimonio y su familia. Recordarse eso el uno al otro, y asegurarse de pasar juntos tiempo de calidad y no sólo entretenerse con trabajo, ayudará mucho al fortalecimiento de su matrimonio.

vale la pena pensar

- El concentrarse en sus listas individuales de cosas para hacer sacará el foco de su percepción de lo que la otra persona no está haciendo y lo pondrá en lo que está logrando.
- Traten de incluir varios proyectos que puedan realizar juntos. El tiempo que pasan realizando una tarea es importante para su sentido de unidad, creando un sentimiento de equipo y celebrando las victorias compartidas.
- Incluyan a sus hijos o la familia en el proceso de llevar a cabo los proyectos que benefician a toda la familia.

> *Dolor es para su padre el hijo necio, y gotera continua las contiendas de la mujer.*
>
> Proverbios 19:13

31 pregunta

¿Cómo evita compararlo con los esposos de otras mujeres?

Si se encuentra comparando a su esposo con otros hombres, y especialmente con los esposos de otras mujeres, puede ser una indicación de insatisfacción de su parte. Por alguna razón, usted cree ver en otro hombre lo que le falta a su esposo. El matrimonio tiene el propósito de acercar a dos personas uniéndolas, y las comparaciones tienden a dividir. En vez de buscar razones para comparar, es necesario que busque razones que los unan a usted y su esposo en su relación matrimonial.

respuesta

Es difícil comparar dos cosas sin desechar una o la otra. Las comparaciones por lo general resaltan y aumentan las faltas en uno, ignorando sus puntos fuertes. Esto puede ocurrir con demasiada facilidad si usted compara a su esposo con otro hombre. Usted conoce íntimamente las fallas y los puntos fuertes de su esposo, especialmente sus fallas, aunque no necesariamente conozca a tal punto las fallas del otro hombre. Esto coloca a su esposo en una desventaja injusta.

En vez de considerar las fallas, concéntrese en las buenas cualidades de su esposo. Recuérdese los puntos fuertes de su esposo, anímese por esas áreas en que él se destaca y traiga a memoria sus triunfos pasados. Como piense de su esposo dirigirá la manera en que se sienta con respecto a él.

Comparar puede traer una sensación de satisfacción o validación de sus pensamientos. Sin embargo, la verdadera satisfacción solamente proviene de un cambio de actitud. Para que su matrimonio tenga éxito, usted debe asumir la actitud de que eligió a su esposo como el hombre con quién quería estar casada el resto de su vida. Él no es perfecto, pero tampoco lo es usted. Juntos pueden limar asperezas y ser mejores cónyuges uno del otro y uno para el otro.

vale la pena pensar

- **Nunca hable negativamente** de su esposo con un amigo bajo el pretexto de buscar consejo. En cambio, discuta las preocupaciones acerca de su propia conducta con una amiga de confianza que apoye su matrimonio.
- **Evite las situaciones** específicas que detonan su actitud de comparar, tales como ir al gimnasio después de un desacuerdo con su esposo.
- **La decisión de dejar** de comparar la tiene que tomar usted. Su comportamiento no cambiará a menos que siga los pasos para que eso ocurra. Generalmente, el primer paso será el asumir que esta actitud es incorrecta.

> *Así que, cada uno someta a prueba su propia obra, y entonces tendrá motivo de gloriarse sólo respecto de sí mismo, y no en otro.*
>
> Gálatas 6:4

32 pregunta

¿Cómo lo anima a aceptar un ascenso?

Es emocionante ver que a su esposo le han ofrecido un ascenso, y usted piensa que debe aceptarlo. El empleador le ofrece el trabajo porque piensa que él puede hacerlo. Recuerde, no se trata de lo que otros piensen de su capacidad o del ascenso en sí mismo. Se trata de la carrera de su esposo y la elección final que debe hacer. Él querrá saber qué efecto tendrá el ascenso en su profesión, en la satisfacción laboral y en su familia. Usted puede ayudar sabiendo que él mira el cuadro general y no sólo el ascenso inmediato.

respuesta

Mirar el ascenso a través de sus ojos la capacitará para apoyarlo en una buena elección para su carrera. Un ascenso puede tener un gran impacto en el camino laboral de su esposo. Algunos ascensos realmente lo ponen directamente en camino a la gerencia general, mientras que otros pueden colocarlo en un puesto sin perspectivas de progreso del cual no hay retroceso.

Pregúntele a su esposo cómo puede ayudarlo con la decisión. En ocasiones, el simple poder hablar con usted al respecto sin sentir que ya tiene que tener tomada la decisión lo ayudará a examinar los diversos aspectos del ascenso. Cuando esté listo, siéntese con él y hablen de sus capacidades y aptitudes, como así también del entorno y las relaciones laborales de su trabajo actual y del que potencialmente sería suyo. Adelantarse al próximo ascenso los alertará a ambos con respecto a cualquier vía de carrera que pudiera no hacer progresar a su esposo. También considere en qué tiempo podrían jubilarse los actuales y potenciales supervisores y gerentes, ya que esto es una buena indicación de una oportunidad de otro próximo ascenso.

Aunque la oportunidad de un ascenso puede ser un momento emocionante para usted y para su esposo, también es un tiempo para analizar sus planes profesionales en general e imaginar cómo se adecuan esos planes a su matrimonio y a su familia. Su matrimonio y su familia deberían ser siempre más importantes que cualquier ascenso o empleo porque usted quiere invertir su energía en esas cosas que perduran.

vale la pena pensar

- Si su esposo pertenece al tipo de persona práctica, un ascenso como supervisor o gerente puede no ser lo que realmente desea. Considere si su deseo de ascender es lo mejor para él o para usted.
- Enorgullézcase de lo que hace su esposo, sin importar qué puesto ocupa en la compañía. Dígale a menudo cuánto aprecia que él vaya a trabajar y los sostenga a usted y a su familia.
- Que su esposo acepte o no un ascenso no debería cambiar la manera en que usted se siente respecto de él ni la manera en que lo trate.

> *Poned la mira en las cosas de arriba, no en las de la tierra.*
>
> Colosenses 3:2

33 pregunta

¿Qué hace que un esposo sea exitoso?

La opinión popular le haría creer que puede garantizar el éxito de su esposo haciendo cosas específicas. Aunque suene tentador, su esposo preferiría que usted comprendiera que su concepto de éxito y el suyo podrían ser diferentes porque usted considera criterios tales como el estatus del empleo, las finanzas, y la estructura de la familia de manera diferente. Usted puede elegir apoyarlo sabiendo como él define lo que es éxito y luego ayudándole a ser exitoso en esas áreas.

respuesta

La definición de éxito de su esposo va a depender de dónde se hallen sus prioridades. Él sabrá si ha sido exitoso en el logro de sus prioridades comparando dónde estaba y está con dónde quiere estar. Una de las maneras en que mide eso es por medio de metas. Su esposo piensa que las metas y los planes deben ser calculables y tangibles. El éxito será para él el logro o cumplimiento de metas específicas.

Usted puede ser parte del éxito de su esposo preguntándole de qué manera podría ayudarle a alcanzar sus metas y sus sueños. A veces, las metas y los sueños no serán específicos, aliéntelo a cuantificar esas metas y ponerles un marco de valor y tiempo de modo que pueda determinar cuán cerca está de lograrlos.

Existen muchos buenos recursos disponibles para ayudarles a ambos a desarrollar sus metas en estrategias. Uno de los mejores recursos es la Biblia, un libro con información práctica sobre el matrimonio, la paternidad, las relaciones y buenas prácticas financieras.

El compartir sus metas y sueños con su esposo, y pedirle que le comparta los suyos, creará mayor unidad y cercanía en su matrimonio. Ver que están trabajando juntos hacia el mismo resultado la animará a apegarse al plan y les permitirá a ambos ser parte de sus éxitos individuales, así también como del éxito general de su matrimonio.

vale la pena pensar

- **Si las metas** de su esposo son vagas, tales como que quiere tener un "buen" matrimonio, pídale que defina cómo desea lograr eso y cuáles serían los parámetros de su éxito.
- **Los estudios han demostrado** que más del 80 por ciento de las personas que anotan sus metas las alcanzarán. Del mismo modo, más del 80 por ciento de quienes no anotan sus metas no las alcanzarán. Obtengan resultados excelentes: anoten sus metas.
- **Incluyan a sus hijos** en donde puedan en sus planes y sueños. Aliéntelos a proponerse metas y planes propios.

> *Y te hará Jehová tu Dios abundar en toda obra de tus manos.*
>
> Deuteronomio 30:9

34 pregunta

¿Cómo puede ser de apoyo para la elección profesional de su esposo?

Con la móvil sociedad actual, es probable que usted y su esposo cambien de profesión tres o cuatro veces y se muden varias veces también. Pocas personas permanecen en el mismo empleo o hasta en la misma profesión por más de diez años. Usted quiere que su esposo se sienta bien respecto a su trabajo y su capacidad para sostenerlos a usted y su familia. Su mejor apoyo será apreciar la contribución de su esposo a su familia y al trabajo que realiza.

respuesta

Lo importante acerca de la profesión de su esposo no es lo que él hace para vivir, sino de qué manera eso que hace lo hace sentir bien consigo mismo. Puesto que la autoestima de su esposo se relaciona con su empleo, su actitud hacia la elección de su profesión es importante. Si él piensa que usted no aprueba su trabajo, puede transferir esa desaprobación a sí mismo como persona y como hombre.

Usted lo alienta en la elección de su profesión asegurándole que está orgullosa de él y de quién es el como esposo, amante y amigo. Hable de manera positiva del trabajo que él realiza, y de cómo beneficia a su familia y a los demás.

Si usted tiene dificultad en apoyar la profesión de su esposo, puede no ser por el trabajo en sí, sino por el ingreso o los beneficios que su esposo recibe. Si éste es el caso, considere cómo puede superar esos sentimientos sin fastidiar a su esposo para que cambie a una profesión que se adapte a usted. Una manera de hacerlo es mantener un presupuesto para facilitar la reducción de gastos, lo cual aliviará las presiones económicas.

Elegir valorar a su esposo y su disposición para trabajar y mantener a su familia es un paso importante. Cuando él esté orgulloso de lo que hace para sustentarlos, se sentirá mejor con respecto a sí mismo.

vale la pena pensar

- **Hable con su esposo** de su empleo y de la dirección que está tomando su carrera. Al aprender más sobre lo que él hace en su trabajo su actitud hacia su empleo puede cambiar, de modo que se le haga más fácil apoyarlo.
- **Si está pensando** en cambiar de empleo, investigue las alternativas que combinarán aptitudes similares y la experiencia que él ya tiene.
- **Las profesiones pueden cambiar,** pero los esposos son para siempre. Busque cosas positivas para decir sobre su trabajo, aún sabiendo que probablemente cambiará de trabajo en el futuro cercano.

> *Y todo lo que hacéis, sea de palabra o de hecho, hacedlo todo en el nombre del Señor Jesús, dando gracias a Dios Padre por medio de él.*
>
> Colosenses 3:17

35 pregunta

¿Cómo puede interesarse por su trabajo?

Puede ser difícil tener interés en algo que usted no comprende o respecto a lo cual no conoce nada. La buena noticia es que aunque comprenda poco el trabajo de su esposo, puede aprender lo suficiente como para hablarlo con él o explicárselo a una amiga. El saber más la capacitará para apoyarlo en su proceso de tomar decisiones, y también para responder de manera más útil cuando él le pida consejo.

respuesta

Puede aprender más de su trabajo haciendo preguntas puntuales sobre sus responsabilidades. Los procesos que realiza para completar su trabajo, sus competidores, y los productos o servicios que provee. Además, puede realizar alguna investigación de mercado para ver si su empleador se adecua al mercado, tal como leer las secciones de negocios del periódico para tener información actualizada en lo que concierne a su campo o industria.

Socializar como pareja con sus compañeros de trabajo es una manera fabulosa de llegar a conocerlos sin interferir en el entorno laboral. Hacerse amiga de las esposas de sus compañeros de trabajo formará un puente de amistad. Aliente a su esposo a incluirlos a ambos en las recepciones de trabajo cuando se invita a los cónyuges.

Busque maneras de promocionar el negocio de su esposo a amigos y conocidos de su círculo de influencia. Saber lo que hace su esposo hará que usted pueda buscar estas oportunidades y hará que su esposo se vea bien ante sus gerentes al incorporar nuevos negocios.

Hay una diferencia sutil entre interesarse e interferir en su trabajo. Mantener bien marcados esos límites en su mente le permitirá ayudarlo cuando él se lo pida. Conocer más de su trabajo le brindará otro tema de conversación, y la ayudará a comprender la personalidad de su esposo y sus pensamientos, lo cual los acercará más como pareja.

vale la pena pensar

- **Cuando su esposo** es exitoso en su empleo, usted cosecha los beneficios de tal éxito, incluyendo tener un esposo que es más feliz en su trabajo.
- **Interesarse en el trabajo** de su esposo es una decisión a largo plazo. Es necesario que su interés sea sincero y no solamente temporario o egoísta.
- **Su deseo de interesarse** en lo que su esposo hace para vivir debería ser motivado porque usted quiera estar más cerca de él, comprenderlo más, y compartir una parte significativa de su vida que probablemente está separada de usted.

> *Ahora vemos por espejo, oscuramente; mas entonces veremos cara a cara. Ahora conozco en parte; pero entonces conoceré como fui conocido.*
>
> 1 Corintios 13:12

36 pregunta

¿Por qué él necesita su aliento?

Su esposo se casó con usted por algo más que tener una esposa y una madre para sus hijos. Él se casó porque la necesita: ésa es la manera en que Dios lo creó. Su lado racional, lógico y orientado a solucionar necesita su lado comprensivo que construye relaciones para estar completo. Parte de la manera en que fue creada hace que usted quiera nutrir, y aunque su esposo no necesita que lo mime como una madre, sí necesita su elogio, su apoyo y su aliento para confirmar que él está en el camino correcto.

respuesta

La satisfacción de la necesidad de trabajar que tiene su esposo le da una sensación de logro e importancia. Sin embargo, la necesidad de sentirse bien con respecto a sí mismo también puede esclavizarlo a esforzarse por retener ese sentido de importancia. En muchos casos, otras personas que hay en la vida de su esposo no estarán tan en sintonía con sus necesidades emocionales como usted, y es por esta razón que su aliento se torna decisivo.

El ser quien alienta a su esposo no significa que lo haga dependiente de usted en cuanto a su sentido de valor. Por el contrario, su sentido de valor realmente se fortalece con su apoyo. Así como los clavos mantienen una pizarra en su lugar, su aliento es un estabilizador para su esposo. La fortaleza está en la pizarra, la estabilidad, en los clavos y su ubicación.

Su aliento le dice a su esposo que usted cree en lo que él hace. Cuando usted lo elogia sinceramente, él comprende de una manera concreta que lo ama. Cuando elige alentarlo, es importante que esté dispuesta a no darle a conocer su consejo hasta que él se lo pida, y le permita compartir algunas ideas suyas antes de tomar una decisión importante.

Cuando su esposo se ve bien, usted también. Cuando su esposo se siente bien respecto a sí mismo, también se sentirá bien respecto a usted y a su matrimonio. Busque maneras de alentar a su esposo todos los días, y muy pronto sentirá ese aliento refluyendo hacia usted.

vale la pena pensar

- **Si su esposo** lleva un maletín o el almuerzo al trabajo, coloque adentro una nota que diga cuánto aprecia algo que haya hecho o dicho recientemente.
- **Dígale a menudo** a su esposo que lo aprecia y lo mucho que trabaja por su familia.
- **La Biblia tiene muchos** ejemplos de personas que vencieron situaciones difíciles. Sugiera que lean juntos un relato de David, Daniel, Josué o Nehemías para recibir aliento.

> *Para muchos, soy motivo de asombro, pero tú eres mi refugio inconmovible.*
>
> Salmo 71:7, NVI

pregunta

¿Cómo puede hacer que
él se sienta confiado en su
matrimonio?

respuesta

Aunque un ejército acampe contra
mí, no temerá mi corazón; aunque
contra mí se levante guerra, yo
estaré confiado.
Salmo 27:3

37 pregunta

¿Cómo enseña a sus hijos a alentar a su padre?

Sus hijos aman a su padre, y un desborde natural de ese amor es su deseo de animar y edificar. Sin embargo, pueden tener problemas para poner en acción sus sentimientos y palabras. Los niños tienden a imitar lo que ven en su vida diaria. Usted puede enseñar a sus hijos a alentar a su padre, dándoles el ejemplo y también sugerencias apropiadas para su edad.

respuesta

Comparta con sus hijos una de las maneras en que usted alienta y apoya a su esposo. Cuando los niños ven coherencia entre sus acciones y actitudes, es más probable que las adopten como propias. Una manera es mostrar abiertamente su amor por su esposo con apropiadas manifestaciones públicas de afecto y animar a sus hijos a mostrar también su amor de maneras apropiadas.

Conocer cómo su esposo comprende y recibe amor —su lenguaje amoroso— también le ayudará a enseñar a sus hijos cómo mostrar amor y apoyo a su padre en maneras que él percibirá y comprenderá. Alentar a sus hijos a participar en las decisiones y planificación familiar les ayudará no sólo a entender su lugar en la familia, sino también su valor como miembros de una entidad sólida.

Enseñe a sus hijos a dar aliento a su padre de maneras tangibles, incluyendo pasar tiempo con él. Para un padre, tener un hijo que quiere estar con él es uno de los más altos honores que puede recibir.

Con demasiada frecuencia, hoy en día es una rareza que una madre y un padre críen juntos a sus hijos. Más del veinticinco por ciento de los niños de Estados Unidos son criados en hogares monoparentales. Sus hijos probablemente tengan al menos un amigo que está en esa situación. Cuando sus hijos aprecian la estabilidad de su familia y su matrimonio, es más fácil para ellos ver lo bueno en su padre, agradecerle y animarlo por tener ese rol en sus vidas.

vale la pena pensar

- **Sus hijos quieren** un padre a quien puedan respetar y admirar. En estudios recientes, más del cincuenta por ciento de los hijos dijeron que su padre era la idea que tienen de un superhéroe.
- **Las acciones pueden hablar** más fuerte que las palabras. Ayude a sus hijos a mostrar aprecio por medio de tarjetas, manualidades y tareas voluntarias.
- **A veces, el sólo** querer pasar tiempo juntos puede ser más alentador para su esposo. Trate de arreglar al menos diez minutos por día para que cada hijo pueda estar uno a uno con su papá.

> *Porque verá a sus hijos, obra de mis manos en medio de ellos, que santificarán mi nombre; y santificarán al Santo de Jacob, y temerán al Dios de Israel.*
>
> Isaías 29:23

38 pregunta

¿De qué manera su ejemplo le ayuda a ser un alentador?

Pocas personas comienzan la vida sin querer ser positivas o alentadoras. Muchas personas terminan no siéndolo ante todo porque no tienen buenos modelos a seguir. Así como el establecer un buen ejemplo para sus hijos es un factor importante en su aprendizaje para actuar y hablar de manera alentadora y edificante, a veces es necesario que su esposo pueda verla a usted como el ejemplo que él quiere y puede seguir.

respuesta

Usted puede indirectamente ayudar a que su esposo se transforme en un alentador por medio de palabras y acciones que edifican. Ser un alentador no significa tener que sonreír siempre o no tener nunca un momento de una mala actitud. Los verdaderos alentadores son aquellos que miran el cuadro completo, más allá de la situación momentánea. Alguien que alienta refleja las buenas actitudes de los demás, a la vez que desvía las malas actitudes.

Recuerde que cuando su esposo comience a mirarla como un modelo a imitar en cuanto a actitudes positivas, usted probablemente pasará por situaciones en que será desafiada a dar un buen ejemplo. Su esposo no quiere ver que su buena actitud externa asegure que las cosas nunca le van mal; él está mucho más interesado en ver cómo maneja una crisis o un problema.

Ser positivo no es difícil, y él se sentirá mejor respecto de usted y de sí mismo, mientras aprende a ser un alentador. Cuando usted busque maneras de alentarlo, él responderá buscando maneras de edificarla a usted y a los demás. Su actitud no sólo será de ejemplo, también será de aliento para él.

vale la pena pensar

- **Usted puede transformar** casi cualquier situación en un momento de enseñanza. Tenga cuidado con su actitud cuando su esposo está por allí, especialmente si él tiende a ser rápido para ver lo negativo.
- **Si nota que** su esposo ha sido alentador en sus actitudes y acciones, asegúrese de elogiarlo.
- **El cambio de actitud** no ocurre de un día para otro. Sea paciente con su esposo y con usted misma mientras ambos aprenden cómo ser alentadores.

> *Sé ejemplo de los creyentes en palabra, conducta, amor, espíritu, fe y pureza.*
>
> 1 Timoteo 4:12

39 pregunta

¿Cómo trata con los comentarios negativos acerca de su esposo?

Muchas personas hacen comentarios negativos acerca de otros porque hay alguna insatisfacción en sus propias vidas, no porque quieran cambiar a la persona de la cual hablan. El rodearse de gente negativa puede hacerla vivir insatisfecha, y hasta hacerla ponerse descontenta con alguna área de propia vida. Esté preparada para contrarrestar esos comentarios negativos y ofrecer soluciones positivas para neutralizar el negativismo.

respuesta

Su primera reacción al oír que alguien habla mal de su esposo puede ser el enojo. ¡Cómo osan hablar de esa manera del hombre que usted ama! Sin embargo, si permite que esos comentarios aniden en su mente, especialmente si usted misma ha estado pasando un mal momento, podría estar de acuerdo con los comentarios, al menos en cierto modo.

Resígnese, al saber que en algún punto de su matrimonio, alguien va a decir algo contra usted y su esposo. Sepa de antemano que no importa cuán cerca de la verdad puedan estar esos comentarios, su esposo no está tratando de hacer algo que le perjudique a usted o su familia. Dígale a la persona que usted no quiere oír lo que él o ella tenga que decir o simplemente váyase.

Si la charla continúa, o es un tema problemático, vaya con su esposo y dígale lo que ha oído. Permita que él le explique la verdad de la situación. La próxima vez que se confronte con lo que usted sabe que es una mentira, podrá poner enseguida las cosas en su lugar con los hechos.

Cuando usted le demuestra a su esposo y a los demás que ambos están de acuerdo, que son sinceros y francos el uno con el otro y que implícitamente confían el uno en el otro, no habrá oportunidad para que los comentarios negativos abran una brecha entre usted y su cónyuge.

vale la pena pensar

- **Es necesario que** su esposo sepa que usted no le va a creer a nadie algo negativo acerca de él sin pruebas y sin hablarlo primero con él. Es necesario que usted sepa que él se interesa en verdad por usted, y que juntos son lo suficientemente fuertes para resistir cualquier ataque.
- **Tener listo un plan** de acción es el mejor punto para comenzar. Acuerde con su esposo cómo manejarán cualquier comentario negativo o chisme que escuchen el uno del otro.
- **Para evitar ser** atrapados en el círculo de chismes, no escuchen ni contribuyan a ninguna discusión negativa cuando la persona en cuestión no esté presente.

Aparta de ti la perversidad de la boca, y aleja de ti la iniquidad de los labios.

Proverbios 4:24

40 pregunta

¿Cómo puede mostrar a sus familiares que usted apoya a su esposo?

Además de su esposo, sus familiares probablemente son los que la conocen mejor que nadie. No es suficiente que usted lo respalde cien por ciento; debe ser evidente para los demás y para su esposo. Usted lo hace mediante sus palabras y acciones, por su lenguaje corporal y su actitud. El apoyo hacia su esposo se puede manifestar de diferentes maneras, pero la mejor de mostrar su apoyo es vivirlo todos y cada uno de los días.

respuesta

Sus familiares deben ver que usted elige apoyar a su esposo porque es lo mejor para usted y su matrimonio. Hablar de manera positiva de su esposo y de sus logros es un buen punto para comenzar. Muéstreles cuánto lo apoya no comparándolo con otros esposos, especialmente los de su círculo familiar.

La solidaridad en la toma de decisiones habla a sus familiares de que usted está de acuerdo con su esposo. El hablar bien de su empleo y sus empleadores y compañeros de trabajo repercute bien en su esposo también. El manejar sabiamente las finanzas demuestra la capacidad de su esposo para proveerle, y dice mucho de su confianza en él.

En general, el negativismo engendra negativismo, de modo que si habla contra su esposo a sus familiares, ésa será la percepción que ellos tengan de él. En cambio, trátelo como al mejor esposo del mundo, y ellos llegarán a ver la sabiduría que usted demostró al casarse con un hombre tan maravilloso y capaz.

vale la pena pensar

- **Seguramente que habrá** cosas en que sus familiares y su esposo no estarán de acuerdo. Nunca se oponga a él en público para ponerse del lado de ellos.
- **Es mejor que no** acuda a sus familiares a pedir ayuda económica porque esto sólo perpetuará cualquier sentimiento negativo que ya tengan acerca de la capacidad su esposo para proveerle. Mantenga sus finanzas tan separadas como sea posible.
- **Su actitud será** el indicador del apoyo a su esposo. Si los demás oyen que usted dice cosas buenas de él, tenderán a tener una mejor actitud hacia él.

> *Por esto dejará el hombre a su padre y a su madre, y se unirá a su mujer, y los dos serán una sola carne.*
>
> Efesios 5:31

41 pregunta

¿Cómo puede ser de apoyo a sus amistades?

Su esposo necesita tener amistad con hombres para poder relajarse y disfrutar su compañía y tal vez tomar parte en algún tipo de esparcimiento en el que usted no tiene interés. El tiempo que ellos pasen juntos reforzará su masculinidad, y en algunos casos, los buenos amigos pueden volverse mentores uno del otro. Usted puede ayudar dando a su esposo el tiempo y la energía que él necesita para desarrollar y mantener estas amistades.

respuesta

Con los caóticos estilos de vida actuales, parece que alentar a su esposo a pasar aún más tiempo lejos de usted que el que ya invierte en su trabajo se contrapone a la idea general de pasar tiempo con la familia. Sin embargo, el tiempo que pasa con sus amigos lo vigorizará y le permitirá tener comprensión de situaciones por las que otros hombres están pasando que algún día podrían ser útiles a su propio matrimonio.

La clave para apoyar con éxito a sus amistades es hablar sobre cuánto tiempo quiere pasar con ellas, y luego comparar eso con cuánto tiempo disponible tiene realmente. Al considerar su semana, decida si usted puede estar con sus amigas al mismo tiempo que él está con sus compañeros.

Puede alentar el pasar tiempo con los amigos al sugerir a su esposo que invite a sus amigos a su casa para un evento deportivo específico que quieran ver por televisión. Hable con las otras esposas y decida si pueden rotar esta responsabilidad de anfitrionas. Pasen tiempo juntos como parejas realizando actividades en las que todos puedan participar. Consiga una niñera de modo que al menos dos parejas puedan salir juntas.

Mucho de su reticencia a alentar a su esposo a que pase más tiempo con sus amigos probablemente se deba a que no desea que él piense sólo en ellos, se olvide de usted y no pase suficiente tiempo con usted. Puede tranquilizarse. Él está casado con usted, él la ama, y nada es más importante para él que usted.

vale la pena pensar

- **Cuando su esposo** quiere ir de viaje un fin de semana con sus amigos por un torneo u otra actividad al aire libre, como la caza o la pesca, arregle ir a visitar a su familia o amigas el mismo fin de semana.
- **Así como usted busca** el equilibrio entre el trabajo y el esparcimiento, busque el equilibrio entre el tiempo para los amigos, el tiempo para la familia y tiempo para la pareja, sólo para ustedes dos. El tiempo con los amigos no debería reemplazar el tiempo con la familia, y el tiempo con la familia no debería reemplazar el tiempo de la pareja.
- **Para cuidar las** apariencias, toda vez que los amigos de su esposo se reúnan en su casa invite a otra mujer para que la ayude con las comidas y bebidas.

> *El hombre que tiene amigos ha de mostrarse amigo;*
> *y amigo hay más unido que un hermano.*
> Proverbios 18:24

42 pregunta

¿Cómo lo alienta en sus intereses comunes?

Uno de sus deseos es pasar tiempo con su esposo para conocerlo mejor y que él la conozca mejor. Su esposo probablemente no se sienta satisfecho con sentarse y hablar a menos que piense que se está haciendo algo más. Una de las mejores maneras de alcanzar su meta de estar juntos y la meta de él de hacer, es encontrar algo para hacer juntos que concilie ambas metas. Puede ser un hobby, un proyecto para planificar, o simplemente una caminata alrededor de la manzana.

respuesta

Podrían ofrecerse de voluntarios juntos en un proyecto comunitario, donde el tiempo que pasan también beneficia a otras personas. No solamente verá un resultado tangible de sus esfuerzos, sino que además tendrá una sensación de pertenencia y propiedad del proyecto.

Trabajar juntos en un proyecto en la casa es otra manera de pasar tiempo sin sentarse y hablar. Nuevamente, esto cumple el deseo de su esposo de resolver un problema y su deseo de compartir tiempo. Es mejor si estos proyectos se hacen por el progreso general de su hogar y no sólo para crear una ocupación, lo que su esposo pronto verá como improductivo.

El hacer algo juntos no siempre tiene que proveer un resultado tangible. Dar una caminata es una buena forma de ejercicio, que su esposo verá como una razón positiva por la cual caminar. Usted ve la caminata como una manera de hablar sin distracciones después del día. Ambos sienten que han logrado algo.

Los intereses comunes deben ser sólo eso: cosas que a ambos les gustan lo suficiente como para hacerlas juntos. Considere las capacidades de su esposo y las suyas propias antes de decidir pedirle ayuda para otro proyecto. Muestre entusiasmo por los proyectos que él sugiera, aunque no esté segura de que le gustarán las actividades. Si su principal interés es estar juntos, encontrará que puede disfrutarlo en casi cualquier lugar, haciendo prácticamente cualquier cosa.

vale la pena pensar

- **Individualmente hagan** una lista de lo que les gusta hacer. Comparen las listas, y vean lo que tienen en común. Tal vez no se hayan dado cuenta de que a ambos les gusta realizar actividades similares.
- **Si el propósito es** importante para usted, considere algunos proyectos a largo plazo en los cuales le gustaría tomar parte. Existen muchas organizaciones que proveen alojamiento y comida por una semana o más en su propiedad mientras hacen reparaciones para ellos.
- **Si les cuesta** encontrar algo en común que les guste, hallen algo completamente nuevo. Tomen lecciones de danza, únanse a un teatro amateur, o como voluntarios en el refugio local para animales.

Otra vez os digo, que si dos de vosotros se pusieren de acuerdo en la tierra acerca de cualquiera cosa que pidieren, les será hecho por mi Padre que está en los cielos.

Mateo 18:19

43 pregunta

¿De qué manera la necesidad de aliento que él tiene es diferente de la suya?

Como mujer, su necesidad de aliento gira en torno a cómo trata a los demás, cómo se sienten los demás acerca de usted y de sus seres queridos, y cómo puede mejorar la vida de los demás de algún modo. La necesidad de aliento de su esposo se centra en cómo lo perciben los demás, y cómo lo define su trabajo, y la manera en que falla o tiene éxito en llevar a cabo tareas específicas que ha establecido para sí mismo. En esencia, usted es alentada por medio de las conexiones emocionales, mientras que su esposo recibe aliento por medio de los logros.

respuesta

Como resultado, su esposo no sólo necesita saber que está progresando y desarrollándose como persona, necesita verlo de maneras tangibles. Mientras que usted puede estar satisfecha al sentirse alentada, su esposo debe ver los resultados del apoyo. Esto puede generar a menudo un abismo de comunicación mientras cada uno busca sentirse animado de diferentes maneras.

Cada persona requiere una cantidad diferente de ánimo para sentirse satisfecha y realizada. Los estudios han demostrado que todos necesitamos diariamente una afirmación de que somos valiosos y que estamos haciendo un buen trabajo. Aunque su esposo pueda parecer del tipo fuerte, callado, él no es diferente, necesita esa afirmación a diario.

Usted y su esposo demostrará y recibirá aliento de diferentes maneras, pero esto no debería desanimarla en la búsqueda de maneras de darle a él afirmación y ánimo.

vale la pena pensar

- **Pregúntele a su esposo** si hay cosas que le gustaría que usted hiciera, o no, para expresarle su aliento. A veces la falta de ánimo de su esposo puede deberse a que no reconoce sus palabras o acciones.
- **Su esposo necesita** saber que usted piensa que él está haciendo un buen trabajo, especialmente cuando quienes lo rodean están diciendo algo diferente.
- **Usted puede reponer** la cuota de ánimo de su esposo siendo pronta para elogiarlo y lenta para criticarlo. Valorar sus actividades diarias le ayudará a ver si hay algo que está ocurriendo en su trabajo o sus relaciones familiares que pueda estar agotando sus niveles de ánimo.

Y considerémonos unos a otros para estimularnos al amor y a las buenas obras.

Hebreos 10:24

44 pregunta

¿Cómo demuestra que usted cuida su autoestima?

La autoestima de una persona, la parte que define lo que vale para sí mismo y los demás, puede asemejarse mucho a una mariposa: tenue, fugaz, frágil y hermosa de contemplar. Aunque su esposo sea del tipo machista, su autoestima también se hiere con facilidad, disminuye rápidamente, y a veces es difícil de restaurar. Las palabras son una forma importante de mostrarle que a usted le importa cómo se siente respecto a sí mismo; pero sus acciones hablarán más fuerte que sus palabras.

respuesta

La autoestima no sólo consiste en lo que su esposo piensa de sí mismo; también se relaciona con su percepción de cómo los demás piensan de él. Saque el álbum familiar de fotografías para recordar e ilustrar los buenos tiempos de la familia. Haga planes para otra celebración en el futuro cercano.

Muéstrele que le importa cómo se siente respecto a sí mismo escuchándolo cuidadosamente y validando sus sentimientos cuando le comparte sus inquietudes y preocupaciones. Sea sensible a su necesidad de estar a solas, y esté dispuesta a tomar tiempo cuando él necesite pasar tiempo con usted.

Demuéstrele de maneras tangibles que se interesa por él mostrándole que usted sabe que es valioso y competente. Confíe en sus decisiones, y no cuestione sus motivos. Su esposo busca esas manifestaciones concretas de su amor e interés por él como persona, como hombre y como esposo.

vale la pena pensar

- **Su esposo oye más** allá de las palabras y puede interpretar algo por ignorar sus palabras. Asegúrese de que la comunicación no verbal concuerde con lo que usted dice y quiere decir.
- **Cualquier esfuerzo extra** que haga en su matrimonio le dice a su esposo que él es importante para usted. Planifique una fiesta sorpresa para su próximo cumpleaños o disponga pasar un fin de semana afuera para hacerle saber cuánto le importa.
- **Pregunte a su esposo** si hay un problema o una situación específica que lo haya estado molestando por un tiempo. Hablen sobre cómo podrían resolver la situación y sugiera orar juntos por la guía de Dios.

> *Toda buena dádiva y todo don perfecto descienden de lo alto, donde está el Padre que creó las lumbreras celestes.*
>
> Santiago 1:17, NVI

45 pregunta

¿Cómo trata con su falta de emoción?

Los hombres suelen dar la sensación de ser carentes de emoción o que la situación no les interesa lo suficiente como para mostrar emoción. La verdad es que los hombres expresan sus sentimientos de diferentes maneras y por diferentes razones que las mujeres. Puede tratar con su percepción de falta de pasión o sentimentalismo sabiendo que él sí siente emoción pero que la demostrará de una manera diferente que usted.

respuesta

Cuando considere su percepción de la falta de emoción de su esposo, puede estar refiriéndose a su aparente falta de lágrimas o compasión. La sociedad es parte de la razón por la cual los hombres muestran sus emociones de manera diferente que las mujeres: han sido educados para ser del tipo fuerte y callado. Se supone que los hombres no lloran. Las mujeres tienden a mostrar emoción sobre temas de las relaciones, mientras que los hombres tienden a hacerlo cuando son heridos o ven herido a alguien que aman. En muchos casos, su esposo no llorará, pero eso no significa que por dentro le duela menos.

Usted puede cambiar cómo espera que su esposo muestre emoción aceptando que no está mal sólo porque no reacciona de la manera en que usted lo hace. El comprender los diferentes estados de ánimo de su esposo y sus respuestas a las situaciones la capacitará para detectar una demostración de emoción que de lo contrario no percibiría. Callarse y querer estar solos es una manera en que los hombres tratan con sus momentos de agitación emocional. Respetar su necesidad de actuar como él cree apropiado acerca de un sentimiento es una manera de ayudarle a pasar ese momento más rápidamente.

Por otro lado, cuando su esposo está celebrando un momento gozoso, puede querer pasarlo con tanta gente como sea posible, de modo que prepárese a compartir sus buenas noticias con otros. Sepa que tan pronto como él haya compartido su gozo con tantas personas como hayan querido oírlo, estará contento de pasar tiempo a solas con usted para celebrar juntos, en privado.

vale la pena pensar

- **Para muchos hombres,** la buena noticia es un reflejo de ellos como persona y de su éxito, y debe gritarse desde lo más alto de las azoteas. Planifique una fiesta, disponga una sonrisa, y comparta el gozo de su esposo.
- **La pena puede** acarrear mucha culpa, y es terapéutico poder mostrar esas emociones y dejarlas pasar. Si su esposo tiene dificultades en esta área, anímelo a abrirse con usted sin temor y expresar lo que está sintiendo.
- **Algunos hombres pueden** esconder sus emociones dentro de sí por temor a ser ridiculizados. Haga saber a su esposo que usted no se reirá de él si, por ejemplo, llora con una película sentimental, y luego cumpla su promesa.

Mas los justos se alegrarán; se gozarán delante de Dios, y saltarán de alegría.

Salmo 68:3

46 pregunta

¿Por qué no puede pasar todas las Navidades con su familia?

La Navidad y otras festividades importantes se centran en tradiciones y recuerdos. Quienes no fueron parte original de esos recuerdos a menudo pueden sentirse como intrusos de paso. No importa cuánto ame su esposo a sus padres y hermanos, cuando ustedes se casaron se convirtieron en una nueva familia. Esto no significa que abandonen a sus padres; sólo significa que ustedes tienen que formar su propia tradición y crear una nueva historia que comienza con su esposo y se extiende a sus propios hijos.

respuesta

Probablemente usted cree que sus padres y sus hermanos son la mejor familia del mundo. Tienen las mejores tradiciones familiares, y está cómoda con estas personas que posiblemente la conocen mejor que nadie. Sin embargo, la Navidad es una época que se pasa mejor centrándola en su familia inmediata. La insistencia en compartir cada Navidad con sus padres puede sofocar la formación de estas nuevas tradiciones que son parte de la herencia que usted y su esposo transmitirán a sus hijos.

Puede evitar el dilema de dónde pasar la Navidad desde el principio estableciendo que la Navidad les pertenece a usted, a su esposo y a sus hijos. Compartan las demás festividades, tales como el día de Acción de Gracias y el Año Nuevo, con sus padres y los padres de su esposo.

Elegir dónde pasar la Navidad podría causar malos sentimientos, de modo que trate el tema con cuidado. Si ya han quedado atrapados en el dilema de pasar siempre la Navidad en casa de sus padres o de los padres de su esposo, postergarlo no lo hará más fácil. En esta situación, hágale saber a todos lo antes posible que ustedes van a pasar Navidad en su hogar este año, y no dejen que la culpa los haga cambiar de planes a último momento. Su matrimonio es lo más importante de su vida, y a veces necesitará ponerse firme para probárselo a sí misma, a su esposo y a los demás.

vale la pena pensar

- **Arregle que sus padres** o los de su esposo vengan a ustedes, si pueden alojarlos. Si el viaje es difícil o la distancia es grande, arregle que haya alguien que los acompañe.
- **Prepare una reunión** familiar en un momento menos activo del año, o incluso unas vacaciones conjuntas donde se provean todas las facilidades, tales como un crucero o una estada en un centro turístico con todo incluido.
- **Para que nadie** se sienta dejado fuera en las vacaciones, envíe un video o fotografías actuales de su familia a sus padres y a sus suegros para ayudarles a sentirse conectados con ustedes en este tiempo.

> *Y te alegrarás delante de Jehová tu Dios, tú, tu hijo, tu hija,...en el lugar que Jehová tu Dios hubiere escogido para poner allí su nombre.*
>
> Deuteronomio 16:11

pregunta

¿Cómo lo ayuda a ser un mejor esposo?

respuesta

Fortaleceos en el Señor, y en el poder de su fuerza.
Efesios 6:10

47 pregunta

¿Por qué él no ve la tensión entre su familia y usted?

Muy a menudo la dinámica familiar es tal que lo que una persona ve como tensión, otra lo verá normal. Las familias grandes son percibidas como ruidosas y abrumadoras por alguien de una familia pequeña, y las familias pequeñas pueden parecer frías e indiferentes a alguien que está acostumbrado a mucha charla y muchas opiniones. Lo que usted percibe como tensión puede no ser sino lo que su esposo ve como interacción con su familia.

respuesta

Su esposo conoce su familia mejor que usted, y entonces comprende los matices de sus palabras y acciones. Aunque su conducta pueda irritarla, él puede verla como la forma normal de expresarse. Lamentablemente, una vez que ha llegado a la conclusión de que por alguna razón no le gusta a la familia de su esposo, puede tender a llevar consigo esa actitud y hacer que realmente se autoperpetúe, ya que su actitud hace que ellos la traten de manera diferente.

Puede traer alivio a esa situación hablando con su esposo sobre la percepción que tiene de su familia hacia usted. Trate de mantener la discusión centrada en la situación, no en las personas involucradas, de modo que no sienta que él o su familia están siendo atacados. Limite sus comentarios a ejemplos específicos y evite generalizaciones acerca de su conducta. Su esposo quizás pueda aclarar algún malentendido para solucionar sus inquietudes.

Dé tiempo a su esposo para que considere cómo quiere manejar la situación. Cualquier decisión de cortar el contacto con un integrante de la familia de su esposo por a una falta de disposición a cambiar debería tomarse de común acuerdo entre usted y su esposo.

La familia es importante para su matrimonio, aunque ustedes ahora son su nueva familia propia. El ser una familia aparte con su esposo y sus hijos no significa que abandonen a su familia o a la familia de su esposo. Significa que son una entidad separada de ellos, y que tienen que poner primero en sus vidas a su matrimonio y a su propia familia.

vale la pena pensar

- El matrimonio requiere un cambio de lealtad desde sus padres a su cónyuge. Hablar con su esposo tranquila y racionalmente les permitirá crear un plan de acción para resolver cualquier tensión que pueda existir.
- Una de las mejores cosas que puede hacer por su familia es enseñarles el principio de que su matrimonio es el centro de su familia.
- Existe una diferencia entre tensión y sentirse incómodo con alguien. La tensión es causada por un conflicto no resuelto, mientras que el sentirse incómodo puede resolverse en cuanto usted logra conocer a la otra persona. Esforzarse para ser más amigable puede ser lo que marque la diferencia.

> *La blanda respuesta quita la ira; mas la palabra áspera hace subir el furor.*
>
> Proverbios 15:1

48 pregunta

¿Cómo le demuestra que usted no es su madre?

Puede ser fácil caer en la rutina de hacer tanto por su esposo que lo vuelva dependiente de usted. Con el tiempo, una actitud de servidumbre puede hacer que su relación cambie de la de un esposo y su esposa a la de un muchacho y su madre. Puede mostrarle mejor que no es su madre, primero no perpetuando una actitud de dependencia, y segundo manteniendo una atmósfera de intimidad entre ustedes.

respuesta

La madre de su esposo tuvo un papel importante en su vida, nutriéndolo y enseñándole como convertirse en una persona independiente por derecho propio. Aunque usted pueda hacer algunas de las mismas cosas que hacía su madre, lo hace por diferentes razones. Las hace porque usted y su esposo son un equipo, cada uno con una parte que cumplir.

Puede perpetuar una actitud de independencia alentándolo a participar en las ocupaciones de su hogar al compartir las tareas y las responsabilidades. Discutan juntos sus expectativas de participación, y asigne responsabilidades en consecuencia. Puede encontrar que su esposo no estaba tratando de eludir ayudarle sino que simplemente desconocía sus inquietudes.

Usted puede mantener una atmósfera de intimidad por medio de la afirmación diaria, contactos especiales y miradas entre ustedes durante el día, y la expresión física de su amor por medio de su vida sexual. No permita que las distracciones del día desmerezcan la parte física de su matrimonio.

Su esposo no se casó con usted porque necesitaba alguien que lo cuide o que cocine y limpie para él. No es necesario que actúe como su sirvienta. Trátelo como su mejor amigo, su amor, y su héroe, y él responderá rápidamente tratándola como la heroína que usted es.

vale la pena pensar

- **Si las finanzas** lo permiten, contraten a alguien que realice las tareas que a ninguno de ustedes les agrada realizar.
- **Decirle siempre** lo que tiene que hacer es un síntoma de actuar como una madre. Si ve esto en su conducta, cambie el decirle por el pedirle. Permítale el derecho a tomar una resolución.
- **La independencia no** significa que su esposo puede manejar todo por sí mismo. La independencia se refiere a su capacidad para tomar decisiones bien fundadas, llevar a cabo esas decisiones, y asumir responsabilidad por sus acciones.

> *Yo soy de mi amado, y mi amado es mío.*
>
> Cantar de los Cantares 6:3

49 pregunta

¿Debería estar celosa del tiempo que él pasa con sus amigos?

Su esposo necesita pasar tiempo desarrollando relaciones con sus amigos varones. Necesita el apoyo y la amistad de otros hombres, y sentirse valorado en las relaciones fuera de su matrimonio y su familia. Como resultado, usted debería animarlo a pasar tiempo con sus compañeros. Usted ya sabe que su matrimonio y su familia son las relaciones más importantes que tiene su esposo, y no es necesario que se sienta celosa de los amigos de su esposo o del tiempo que pasa con ellos.

respuesta

El tiempo que pasa en compañía de otros hombres mejorará la autoestima de su esposo y lo alentará en su matrimonio y familia, lo cual disminuirá cualquier probabilidad de celos que pudiera tender a sentir en cuanto al tiempo que pasa lejos de usted. Es natural querer pasar con su esposo tanto tiempo como sea posible, pero no es necesario estar todo el tiempo juntos.

Una manera de vencer los sentimientos de celos que podría tener hacia el tiempo con sus amigos es asegurarse de que el tiempo que usted y su esposo comparten mejore su matrimonio y profundice su relación. Si él desea pasar más tiempo con sus amigos que con usted, es necesario que se sienten y hablen de sus inquietudes.

Pueden dar un vistazo al tiempo que pasan juntos y ver si se está desarrollando un patrón que su esposo piensa que es aburrido. Pregúntele por qué le gusta pasar tiempo con sus amigos. El tiempo que pasa con usted debería ser al menos tan satisfactorio como el que pasa con sus amigos.

Hablando en sentido general, los celos surgen de algún sentimiento de ineptitud. El saber que usted es la persona más importante de la vida de su esposo aliviará cualquier duda que pudiera tener, y el tratarlo como la persona más importante de su vida lo alentará a pasar más tiempo con usted.

vale la pena pensar

- **Saber cuáles son** los intereses de su esposo le asegurará que el tiempo que compartan sea placentero y satisfactorio para él. Si no está segura de que ése sea el caso, pregúntele.
- **Arregle pasar tiempo** con sus amigas cuando su esposo está con sus amigos. Si tiene horarios regulares, considere la posibilidad de tomar una clase o asociarse a un club.
- **Considere la clase** de cosas que su esposo hace con sus amigos, y encuentre una manera de incluirse usted y las esposas de sus amigos cuando sea apropiado. Si todos los amigos de su esposo son solteros, sugiérale que fomente algunas amistades con hombre casados para que usted y las otras esposas puedan estar incluidas de vez en cuando.

> *Mejores son dos que uno; porque tienen mejor paga de su trabajo. Porque si cayeren, el uno levantará a su compañero.*
>
> Eclesiastés 4:9-10

50 pregunta

¿Y si usted disiente con los métodos disciplinarios que él usa con los hijos?

El matrimonio toma dos personas diferentes y las une, creando una relación en la que las ideas individuales y las capacidades de cada uno de los cónyuges mejora y complementa al otro. Usted y su esposo probablemente no estaban de acuerdo en todo cuando se casaron, y probablemente hicieron algunos cambios y tal vez hasta algunos compromisos en temas tales como las finanzas, la cocina, y las profesiones. Aunque estuvieran de acuerdo en todo lo demás, la disciplina de sus hijos todavía puede causar algo de controversia. Usted y su esposo necesitan decidir quien será el disciplinador principal, y establecer algunas pautas para el uso de la disciplina.

respuesta

Una vez que los hijos saben cuál padre impondrá la disciplina, seguramente correrán hacia el otro en un intento de ponerlos uno contra otro. Un punto importante a recordar es que sin importar cuál de los padres ha disciplinado, el otro no debería hablar lo contrario frente al niño.

Para que la disciplina sea efectiva, la unidad es imperativa. Si sus hijos aprenden a manipularlos uno contra el otro, su intento de disciplinar se frustra. Mostrar unidad en su decisión será la mejor manera de limitar cualquier arbitraje de parte del otro padre, y les hará saber a sus hijos quién tiene la palabra final en cuanto a la disciplina.

Las discusiones en cuanto a la disciplina es mejor que sean en privado cuando los hijos no estén presentes. Decidan antes de que nazcan los niños cuáles son los métodos de disciplina que prefieren, y establezcan un plan de acción para tratar los problemas comunes que surgirán. Si ya están atrapados en un ciclo de desacuerdo referente a la forma y la extensión de la disciplina, siéntese y háblelo con su esposo.

vale la pena pensar

- **Asegúrense de que** la disciplina es siempre el resultado de desear lo mejor para su hijo.
- **La disciplina no es** sólo un castigo. La disciplina se refiere a un cambio de conducta para conformarse a los estándares o expectativas. Asegúrense de que no esperan que sus hijos obedezcan reglas que ustedes no siguen.
- **Hablen con sus hijos** acerca de lo que esperan de ellos; podrían sorprenderse al encontrar que sus hijos realmente quieren saber cuáles son sus límites.

> *Y aquellos, ciertamente por pocos días nos disciplinaban como a ellos les parecía, pero éste para lo que nos es provechoso, para que participemos de su santidad.*
>
> Hebreos 12:10

51 pregunta

¿Por qué él no entiende la necesidad que usted tiene de varias amigas?

Aunque la mayoría de los hombres tienen varios varones a los que llamarían amigos, tienden a tener solo uno o dos amigos muy íntimos en cualquier momento. Las mujeres, en cambio, tienden a tener un grupo de mujeres a las que llamarían mejores amigas, quienes realmente satisfacen sus diferentes necesidades emocionales. Su esposo no comprende la necesidad que usted tiene de más de una o dos amistades íntimas porque no ve esa necesidad en su propia vida.

respuesta

Su esposo necesita tiempo para pasar con otros hombres y parejas con quienes ambos se relacionen socialmente. Pasar tiempo con sus amigos varones le permite relajarse, recibir respuesta de otros hombres casados, y desarrollar relaciones de mentor.

En algunos casos, su esposo podría estar celoso de la cantidad de tiempo y energía que usted invierte en sus amigas. Hable con él sobre sus sentimientos y la manera en que cada una de sus amistades la beneficia. Discutan la consideración de su esposo respecto al tiempo que usted pasa con cada amiga. Ya que el pasar tiempo con amigas debería fortalecerla, será natural que su esposo esté preocupado si usted está emocionalmente agotada después de pasar tiempo con una amiga en particular.

Antes de decidir tener nuevas amigas, considere cuánto tiempo necesitará para desarrollar y mantener la relación. No tenga temor de dejar que una relación íntima pase del estado de mejor amiga a una amistad. Decida si el salir dos parejas juntas puede satisfacer las necesidades de amistad de su esposo así como también las suyas propias. Su mejor amigo debería ser su esposo. Su primer interés debería ser su esposo. Si él comprende que él es su mejor amigo y que sus necesidades emocionales están satisfechas, apoyará más sus otras amistades íntimas.

vale la pena pensar

- **Las relaciones son** muy importantes para usted y para su esposo. Usted tenderá a desarrollar y mantener amistades que la apoyan y la hacen sentir bien respecto a sí misma.
- **Las amistades no** deben desmerecer su matrimonio, aunque de vez en cuando puede surgir una emergencia en que será necesario tomar tiempo de la familia para pasar con una amiga. Limite eso tanto como sea posible, explicando siempre a su esposo el beneficio y la necesidad.
- **Los buenos amigos** son difíciles de encontrar y más difíciles de mantener. Sea la mejor amiga de su esposo.

> *En todo tiempo ama el amigo, y es como un hermano en tiempo de angustia.*
> Proverbios 17:17

52 pregunta

¿Por qué tiene celos del tiempo que usted pasa con los hijos?

El hecho de que su esposo desee pasar más tiempo con usted es algo bueno. Sin embargo su percepción de que los niños estén interfiriendo en el tiempo que pasan juntos puede ser una inseguridad que él siente. Sus verdaderos sentimientos pueden no estar relacionados con la cantidad de tiempo que usted pasa con los hijos sino, más bien, surgir del sentimiento de que a usted no le queda energía para él. Otra razón por la cual puede estar celoso es que usted realmente esté pasando una excesiva cantidad de tiempo con los hijos.

respuesta

Su esposo trabaja mucho para mantener su hogar, y ese trabajo es importante para él. Los objetivos principales de su esposo en el matrimonio son afirmar la seguridad y el confort de su familia, y su centro estará en las relaciones dentro de su familia. Para usted, el pasar tiempo con los hijos es una de las maneras de desarrollar relaciones más profundas con ellos.

Una cosa para recordar es que usted también desarrollará una relación más íntima y más profunda con su esposo al pasar tiempo con él. Puesto que la relación con su esposo debería ser más importante que con los hijos, es necesario que programe el tiempo para ustedes como pareja.

Asegúrese de tener cada día tiempo para sentarse con su esposo, repasar los acontecimientos del día, y relajarse uno con el otro. La hora del día no es tan importante como el estar realmente juntos, aunque es mejor que no estén exhaustos o distraídos.

No ignore los sentimientos de resentimiento de su esposo acerca del tiempo que usted pasa con los hijos. Trate el problema inmediatamente y permítale que exprese sus inquietudes, aunque usted piense que son irrelevantes o hasta infantiles. Anime a su esposo a compartir el tiempo que pasa con los hijos para que se transforme en tiempo para la familia, y asegúrese de que quede tiempo para ustedes como pareja al final del día.

vale la pena pensar

- Su esposo no quiere que usted ignore a sus hijos; sólo desea que asigne algo de su tiempo para él. Haga especial ese tiempo encendiendo algunas velas o poniendo música de fondo suave.
- Los momentos de citas son importantes para mantener su conexión como pareja. Planifique algo especial para su próxima noche de cita.
- Al incluir a su esposo en el tiempo que pasa con los niños le permitirá ver el progreso que están logrando en sus tare as escolares, y también le dará una sensación de propiedad de sus logros.

Como el padre a sus hijos, exhortábamos y consolábamos a cada uno de vosotros, y os encargábamos que anduvieseis como es digno de Dios, que os llamó a su reino y gloria.

1 Tesalonicenses 2:11-12

53 pregunta

¿Por qué él no puede aceptar a su familia tal cual es?

Existe un dicho que dice que la familia es los amigos que uno no elige. Esto es especialmente cierto en el caso de los parientes políticos. Probablemente usted está acostumbrada a la manera en que actúa su familia, y aunque puede no estar de acuerdo con todo lo que hacen, no cree que vayan a cambiar. Su esposo, en cambio, no tiene esta misma relación con su familia. Su trasfondo puede ser completamente diferente del suyo, y por lo tanto la conducta de su familia puede parecerle extraña.

respuesta

Su esposo puede haber sido enseñado de niño a evitar exactamente las conductas que en su familia son normales. Tal vez él ve en su conducta cambios que a él no le gustan cuando usted está con su familia. Hábitos con los que él ha luchado mucho para vencerlos todavía pueden prevalecer en su familia, y puede sentirse tentado a volver a dichos hábitos.

Si usted percibe que su esposo se distancia de su familia, la disuade de pasar tiempo con ellos, o abiertamente trata de realizar cambios en la conducta de ellos, hable con él acerca de sus principales inquietudes. Traten cada asunto individualmente. Si la conducta se relaciona con algunos cambios que su esposo ha realizado en su propia vida, puede estar dispuesto a ofrecer apoyo a los integrantes de la otra familia que hayan expresado interés en cambiar.

Aunque su clan familiar es importante para usted, su esposo y sus hijos, ellos no son el centro principal. Considere el ejemplo que usted y su esposo están estableciendo para sus hijos, y aliéntelos a elegir sabiamente y a evitar presiones de sus pares.

El ejemplo que usted sienta para sus hijos puede ser el que aliente a su clan familiar a realizar cambios.

vale la pena pensar

- **Generalmente las personas** no cambian su conducta por otros: deben querer hacerlo por ellos mismos.
- **Cuando se reúnen** con sus familiares, preparen actividades que estén acordes al ejemplo que ya han establecido para sus hijos.
- **Hable en privado** con sus familiares acerca de la conducta que es aceptable en su hogar y sus expectativas de que adhieran a ella.

> *No os conforméis a este siglo, sino transformaos por medio de la renovación de vuestro entendimiento para que comprobéis cuál sea la buena voluntad de Dios, agradable y perfecta.*
>
> Romanos 12:2

54 pregunta

¿Cómo logra que no juegue bruscamente con sus hijos?

El juego físico suele acarrear heridas leves no intencionales. Cuando sus hijos juegan con otros niños, es probable que alguien se lastime las rodillas o se golpee la cabeza. Puede ser fácil viendo desde afuera pensar que su esposo está jugando demasiado duro con sus hijos. Su meta es determinar si realmente está jugando demasiado fuerte o si están actuando para usted, y después hablar con su esposo sobre cualquier inquietud que pudiera tener.

respuesta

Si sus niños ven que les dará recompensas y trato preferencial cada vez que se quejen de un dolor o un moretón, puede esperar que exploten eso todo lo posible, especialmente si su respuesta es mayor que la pequeña herida que surge del jugar con su padre. Su mejor reacción es asegurarse de que la herida es leve, limpiar cualquier rasguño, y enviar otra vez al niño a jugar.

Si piensa que el juego de su esposo está causando más cantidad de moretones o pequeñas heridas que lo normal, hable primero con él acerca de sus preocupaciones cuando los niños no estén presentes. Tenga en mente ejemplos específicos, y discuta la situación tranquila y racionalmente. Hay una probabilidad muy grande de que su esposo no se dé cuenta de que está preocupada. Para educar hijos responsables, es necesario que aliente el juego limpio, reglas consistentes y respeto por los demás. Cuando su esposo y sus hijos juegan juntos, su relación se profundiza, y sus hijos son desafiados física e intelectualmente. Usted sabe que su esposo quiere educar buenos niños. Confíe en que él hace lo que es mejor para ellos.

•Existe una fina línea entre el juego rudo y la intimidación. Escuche a sus hijos para percibir cómo se sienten respecto a la manera en que su padre juega con ellos. Si no expresan ninguna preocupación, entonces relájese y déjelos disfrutar del tiempo con su papá.

vale la pena pensar

- **Usted puede hacer** que el juego sea más suave si participa. Si juegan a algo cuyas reglas usted desconoce, pídales que le enseñen. A la mayoría de los niños les encanta poder enseñar algo a sus padres.
- **Si usted sigue preocupada,** como pareja pidan a un amigo de confianza o un consejero que observe jugar juntos a su esposo y a sus hijos.

> *Sigue la justicia, la piedad, la fe, el amor, la paciencia, la mansedumbre.*
>
> 1 Timoteo 6:11

55 pregunta

¿Por qué él tiene expectativas tan altas con respecto a sus hijos?

Hace muchos años, los esposos iban a trabajar y traían sus salarios al hogar. Las esposas se quedaban en su casa, criaban los hijos y se hacían cargo del hogar. Sin embargo, la sociedad actual demanda mucho más del hombre con respecto a su capacidad para mantener a la familia, su participación en ella, y la relación con su esposa. El hombre se da cuenta de que para tener éxito en todas estas áreas de su vida, debe estar más preparado para aceptar el desafío.

respuesta

Las expectativas que su esposo tiene de sus hijos provienen de las presiones que se colocan sobre él como esposo y padre. Más allá de cuán bien equipado esté para la tarea, indudablemente hay áreas en que se siente menos que adecuado en lo que se espera de él. Como buen padre, él no quiere ver que sus hijos tengan dificultades en estas áreas cuando sean adultos.

Cuando los padres se involucran más en la crianza de los hijos, suelen ver áreas en las que sienten que sus propios padres carecieron de capacitación. Esto puede ser así especialmente si su esposo proviene de un hogar monoparental. Si éste es el caso, su esposo puede sobrecompensar a sus hijos para asegurarse de que esta carencia que percibe no les afecte.

Su hijo tiene una combinación de talentos e intereses, y su tarea como padres es alentarlo a desarrollarse como un miembro productivo de la sociedad y cumplir sus sueños y metas, no los de sus padres. Al pasar tiempo con sus hijos, su esposo comenzará a ver cómo se están desarrollando, no sólo académicamente sino también con respecto a su carácter y amistades. Haga tiempo para hablar sobre cualquier preocupación que él pudiera tener, para que pueda tranquilizarse sabiendo que realmente está educando buenos niños.

vale la pena pensar

- **Las expectativas altas** nunca dañan a nadie; lo que puede herir es el sentimiento que se asocia con fallar en alcanzar esas expectativas. Hablen con sus hijos y traten cualquier inquietud que pudieran tener.
- **Si está preocupada** por las expectativas de su esposo, hable con él. Compartan sus expectativas y luego decidan cuáles él debería disminuir y cuáles usted debería incrementar.
- **Las altas expectativas** son relativas. Considere el propósito de las expectativas así también como al niño. Lo que está bien para un niño puede ser inaccesible para otro.

Bienaventurado el varón que soporta la tentación; porque cuando haya resistido la prueba, recibirá la corona de vida, que Dios ha prometido a los que le aman.

Santiago 1:12

56 pregunta

¿Cómo lo alienta para que pase tiempo con sus hijos?

Es fácil quedar tan atrapado en el proceso de ganarse la vida que su esposo olvide el propósito de su trabajo: sostener a su familia y proveer para sus necesidades. Puede alentar a su esposo a pasar tiempo con los hijos recordándole que ellos lo necesitan más a él que a las cosas que puede comprar con sus ingresos, y que el ejemplo que les da trabajando fielmente no es tan importante como que ellos sepan cuánto significan para él.

respuesta

Cuando un hombre pasa mucho tiempo lejos de sus hijos, puede comenzar a sentirse desconectado y creer que no tiene nada en común con ellos. La verdad de la cuestión es que él es su padre, ama a su madre, y elige ser sincero y fiel a ella. Ése es el mayor vínculo que tienen en común.

Además, los hijos buscan en sus padres modelos de roles y mentores. Los hijos desean desesperadamente creer que alguien se preocupa por ellos y que sin importar lo que ocurra alrededor, siempre tendrán una relación segura de la cual pueden depender: su familia.

Cuando usted trata a su esposo con respeto y enseña a sus hijos a respetarlo, él comprende que tiene un lugar importante en su familia. Concentrarse en sus capacidades en vez de en su trabajo y en traer el salario al hogar es importante para su propia validación. Al incluirlo en actividades familiares, e incluso preparar actividades teniendo en cuenta sus horarios de trabajo, le dice que es importante para usted.

Elegir pasar tiempo con él como familia le demuestra que usted prefiere estar dónde él está antes que en ningún otro lado.

Cuando su esposo se siente valorado y necesitado, es más probable que invierta su tiempo con usted y sus hijos.

vale la pena pensar

- **Cambie el foco** de las cosas que compran con el sueldo de su esposo hacia las actividades que toda la familia puede realizar junta.
- **Planifique un tiempo** especial para la familia que no implique dinero, e incluya a los niños en la planificación. Hágales saber que no está gastando dinero específicamente porque quiere mostrarles que el dinero no es lo más importante: lo es la familia.
- **Investigue las actividades** para niños disponibles en su comunidad en las cuales sus hijos estén interesados, y pregunte por la necesidad de voluntarios adultos. Hable con su esposo, y anótense ambos para participar con sus hijos.

> *...presentándote tú en todo como ejemplo de buenas obras; en la enseñanza mostrando integridad...*
>
> Tito 2:7

pregunta

¿Cómo puede ayudarlo a ser más fiel?

respuesta

Mis ojos pondré en los fieles de la tierra, para que estén conmigo; el que ande en el camino de la perfección, éste me servirá.
Salmo 101:6

57 pregunta

¿Por qué es importante la relación que él tiene con los hijos?

Existen muchas razones por las que las personas eligen tener hijos, incluyendo la creación de una nueva vida como símbolo del amor entre esposo y esposa, por el amor incondicional dado y recibido, y para asegurar que el nombre de la familia será transmitido por los descendientes. Más allá de las razones para tener hijos, la mayoría de las personas diría que la razón es secundaria a la relación que se desarrolla entre padre e hijo. Su esposo determina su éxito como padre basado en su percepción de la relación con sus hijos, la cual tomará muchas formas mientras los hijos crecen. Al principio él puede involucrarse en un nivel más periférico proveyéndole a usted el tiempo y los recursos para cuidar y alimentar al niño. Cuando llegan más hijos, puede tener un rol más directo en el cuidado de los niños mayores, dándole una vez más libertad para que usted cumpla su rol de ser quien alimenta y cuida a los más pequeños.

respuesta

Cuando sus hijos desarrollan capacidades de comunicación, el rol de su esposo se expande para enseñarles modales y normas sociales, así como también desarrollar habilidades físicas. Mientras su esposo asume su rol de maestro, sus hijos aprenden a confiar y a respetar además de valiosas lecciones de vida en actividades de trabajo y juegos.

A lo largo de los años de escuela es importante que la relación de su esposo con los hijos incluya ayudarles con sus tareas escolares y proyectos, lo cual les demuestra que él es un hombre inteligente con muchas capacidades que pueden no ver en el curso normal del día.

Sean cuales fueren las edades de sus hijos, nunca es demasiado tarde para profundizar la relación con su padre. Él es una parte integral de sus vidas, importante para su desarrollo social y para su comprensión de cómo los hombres y las mujeres se comunican y se tratan unos a otros. Su matrimonio es la base de entrenamiento para el de ellos, y su buen ejemplo hará mucho para asegurar el éxito del futuro matrimonio de sus hijos.

vale la pena pensar

- **El rol de su esposo** en el desarrollo de sus hijos mayores es una parte importante del proceso de madurez ya que su esposo demuestra que cada persona contribuye al funcionamiento del hogar y al cuidado mutuo.
- **Los padres son importantes:** las hijas tienden a elegir hombres que son como su padre, y los hijos tienden a tratar a su esposa siguiendo el ejemplo que su padre les dio.
- **Usted puede promover** una relación más profunda entre su esposo y sus hijos disponiendo que cada hijo tenga regularmente un día para pasarlo con su papá.

> *Mucho se alegrará el padre del justo, y el que engendra sabio se gozará con él.*
>
> Proverbios 23:24

58 pregunta

¿Cómo lo honra con la manera en que usted se viste?

Cuando usted se casó con su esposo, prometió serle fiel con su cuerpo. Usted honra a su esposo con la ropa que usa para cubrir esas partes de su cuerpo que están reservadas para él, para no llamar la atención de otros hombres, y estableciendo un ejemplo para las mujeres jóvenes, incluyendo a sus hijas, y finalmente, a sus nueras. Esto no requiere que ande por allí en arpillera o ropa ancha; el vestir con buen gusto les dice a los demás que usted es valiosa y atractiva, aunque no llama indebidamente la atención.

respuesta

La ropa que usa refleja mucho de usted misma, incluyendo su personalidad, su atención a los detalles, su ingreso, y la manera en que se siente respecto a su cuerpo. Elegir usar ropa que sea adecuada a la ocasión, de buen gusto en el diseño y con respeto hacia los demás es un desafío con los atrevidos estilos actuales.

Puede ser fácil caer en un patrón de vestir lo más cómodo, tal como usar siempre *joggings* o blusas anchas en la casa. Considere la imagen que presenta. Su esposo y sus hijos deberían ser dignos de un poco de esfuerzo extra, así como también un empleador.

Aunque su presupuesto para ropa no incluya los últimos estilos, usted puede vestir de una manera honrosa asegurándose de que su ropa esté limpia, bien arreglada y sea apropiada para la ocasión. Tenga especial cuidado con el cabello y el maquillaje, y luzca una sonrisa.

Lo que usted usa refleja directamente la capacidad de su esposo para proveer a su familia y su buen gusto para casarse con usted. Usted no prueba ante los demás que está segura en su matrimonio mostrando mucha piel: usted lo demuestra en su actitud hacia los demás y hacia su esposo. La mejor manera de vestir con que puede honrar a su esposo es con una actitud agradable, un corazón amoroso y una sonrisa.

vale la pena pensar

- **Cuando compre ropa,** elija las tiendas que tienen espejos en todos los costados del probador. Mire cómo le queda de todos lados, y no compre nada que se adhiera o se suba.
- **Compre ropa que sea** cómoda y le siente bien. Escoja los colores y estilos que la favorezcan sin llamar innecesariamente la atención hacia sí misma.
- **Si no está segura** de si un conjunto le sienta bien, pida consejo a una amiga cuyo guardarropa usted admire.

> *Asimismo que las mujeres se atavíen de ropa decorosa, con pudor y modestia; no con peinado ostentoso, no oro, ni perlas, ni vestidos costosos.*
>
> 1 Timoteo 2:9

59 pregunta

¿Por qué las fantasías pueden causar problemas?

La mente humana fue creada con la capacidad de ir más allá de la realidad en la imaginación y la memoria. La memoria le permite recordar lecciones pasadas, evitar los mismos errores, y desarrollar relaciones más profundas. La imaginación es importante para mejorar su situación y encontrar soluciones a problemas existentes. No hay nada malo en usar esta capacidad de realidad virtual que posee su cerebro, pero vivir en esta realidad virtual puede causarles problemas a usted y a su matrimonio.

respuesta

No hay nada malo en la imaginación. Llevada al extremo, sin embargo, la imaginación se convierte en fantasía, la cual puede manejar su vida y su pensamiento. Muchas personas son atrapadas por las fantasías porque sienten que su vida está fuera de control, y la fantasía es algo que creen que pueden controlar. Sin embargo, estas fantasías pueden causar una visión irrealista de la vida generando insatisfacción al comparar la vida real con una vida soñada.

Pasar mucho tiempo en su mundo de fantasía puede causar que quiera hacer realidad sus fantasías. Sus acciones deben estar basadas en lo correcto y en lo incorrecto, no en su mundo de fantasía.

La palabra fantasía puede traer a su mente muchas imágenes, pero probablemente la que prevalece es la fantasía sexual, la cual suele ser más común en los hombres. Aunque pueda parecer un pasatiempo inofensivo, como una distracción, pasar mucho tiempo con fantasías sexuales puede ser nocivo para su matrimonio, sus capacidades sociales, y su estabilidad mental.

Aunque su fantasía o la de su esposo puedan parecer inofensivas al principio, rápidamente puede controlar sus vidas. Sea usted o su esposo quien esté luchando en esta área, pueden ayudarse uno al otro para romper el control que la fantasía tiene sobre ustedes. Juntos ambos son un arma formidable contra este ataque a su matrimonio.

vale la pena pensar

- **Si tiene problemas** por pasar mucho tiempo eludiendo la vida real, trate de reconocer una cosa que puede modificar para hacer más agradable su vida real.
- **Puede desarrollar intereses** que utilicen su imaginación para usos productivos, no sólo como un escape. Tome clases de pintura, escritura o danza para brindarse esa salida creativa.
- **Si su esposo lucha** con fantasías, no lo obvie porque todos los hombres lo hacen. Hable con él, discutan sus inquietudes, y vea cómo puede tomar parte para ayudarle a ganar esta batalla.

¿Hasta cuándo pondré consejos en mi alma, con tristezas en mi corazón cada día? ¿Hasta cuándo será enaltecido mi enemigo sobre mí?

Salmo 13:2

60 pregunta

¿Por qué no está bien que mire a otros hombres?

Puede ser fácil convencerse de que mirar a otros hombres es un pasatiempo inofensivo, o que se está probando a sí misma que tiene el mejor esposo del mundo. Sin embargo, no importa cuán perfecto sea su esposo, en algún momento inevitablemente verá en otro hombre algo que desearía que su esposo tuviera o hiciera, creando insatisfacción al ver en su esposo defectos que antes no había notado. A la larga, mirar a otros hombres creará problemas en su matrimonio.

respuesta

Si se encuentra a sí misma mirando a otros hombres para compararlos con su esposo, pregúntese por qué lo hace. El comparar siempre requiere que una cosa disminuya al incrementarse la otra. Esto significa que su esposo o el otro hombre van a quedar cortos.

Si trata de racionalizar que mirar no hace daño siempre que no toque, considere que el hombre que está comparando con su esposo bien puede ser el esposo de otra mujer, y pregúntese si usted desearía que otra mujer mirara a su esposo de esa manera. Considere cómo se sentiría si viera a su esposo mirando a otra mujer. No importa lo bien que crea que oculta sus pensamientos, su esposo sentirá que es inadecuado de alguna manera.

Recuerde que la mayoría de las relaciones adúlteras no comienzan con un acto intencional de infidelidad. La mayoría comienza con miradas o coqueteos "inofensivos". Los galanteos comienzan en una fiesta con al menos una mirada de la satisfacción o afirmación que la persona no está recibiendo en su matrimonio.

Demuestre mejor el amor y la fidelidad a su esposo evitando completamente mirar a otros hombres para compararlos con él o para verificar su competencia. Pruebe su fidelidad galanteando sólo con él. Demuestre su amor manteniendo su mente limpia de insinuaciones sexuales que no estén directamente relacionadas con él. Muéstrele que sabe que él es el mejor esposo del mundo teniendo ojos sólo para él cuando están en público.

vale la pena pensar

- **Si está luchando** con "solo mirar" decídase a evitar esos lugares donde puede ser más probable que mire a otros hombres, tales como la playa, la piscina o el gimnasio.
- **Evite vestirse** provocativamente cuando sale, a fin de no atraer las miradas de otros hombres.
- **Hable con una amiga** de confianza si usted cree que tiene un problema con mirar a otros hombres. Pídale ayuda para elegir actividades que no la pongan en situaciones de tentación.

Haced morir, pues, lo terrenal en vosotros: fornicación, impureza, pasiones desordenadas, malos deseo y avaricia, que es idolatría.

Colosenses 3:5

61 pregunta

¿Cómo lo ayuda a vencer su atracción por la pornografía?

Los hombres son atrapados en la red de la pornografía por muchas razones. La pornografía toca el área de su cerebro que es sumamente sensible a las imágenes visuales. Ejerce control porque la actividad sexual del hombre se estimula visualmente mucho más que la de las mujeres. Usted puede ayudarlo a romper ese ciclo haciéndole saber que no está solo en esa prisión de su mente, que lo ama y quiere que comparta sus deseos sexuales con usted de una manera mucho más satisfactoria de la que puede proveerle la pornografía.

respuesta

A los hombres se les dice que la pornografía los hará mejores amantes y que eso demuestra que las mujeres son hermosas y necesitan ser exaltadas. La pornografía se concentra totalmente en la autogratificación, y de ninguna manera contribuye al aprendizaje de cómo satisfacer a su pareja. En una Conferencia de 2005 sobre la pornografía, Daniel Weiss, de Enfoque a la Familia, reveló que los hombres que son adictos a la pornografía tienden a tener opiniones más bajas de las mujeres, relegándolas a objetos sexuales para su propio placer.

La estimulación visual de la pornografía libera endorfinas y otras sustancias químicas en el cerebro. Esto genera un deseo creciente, y con el tiempo este deseo se transforma en una necesidad fisiológica, muy semejante a una adicción al alcohol o a cualquier otra droga. Al cabo, la exposición a la pornografía genera una insensibilización que resulta de un deseo por más y más materiales obscenos. El Dr. Víctor Cline, en su libro *Pornography's Effects on Adults and Children* (Efectos de la pornografía sobre adultos y niños), sostiene que en última instancia la adicción conducirá a la realización de lo que se ve.

Hablar con su esposo acerca de su preocupación por la pornografía y el efecto que tiene sobre el matrimonio sacará el tema a la luz y detendrá la culpa secreta que su esposo tiene, habiendo experimentado probablemente luchas con la pornografía. Cuando su esposo ve que usted quiere ayudarle a terminar con todo este asunto, comenzará a ver sus acciones como lo que son: destructivas para su matrimonio, para la opinión que él tiene de usted en especial y de las mujeres en general, y un mal ejemplo para sus hijos en cuanto a la relación entre hombres y mujeres.

La naturaleza misma de la pornografía —el ciclo de culpa/placer— causa que los hombres eludan pedir ayuda. Lo que suele suceder es que su esposo tenderá a sentirse menoscabado como hombre cuanto más tiempo esté atrapado en la red de mentiras que entreteje la pornografía. La buena noticia es que la pornografía es una de esas áreas secretas de la vida de un hombre que, una vez expuesta, ya no puede retener su control sobre él.

vale la pena pensar

- **Existen muchos grupos** de apoyo disponibles para los hombres y las parejas que desean vencer los problemas causados por la pornografía en sus hogares y sus matrimonios.
- **La pornografía no** se limita a los adultos: los niños están siendo expuestos a edades cada vez más tempranas, en una época en que su propia sexualidad y la percepción de ella están siendo definidas.
- **La pornografía no** es un entretenimiento inofensivo para adultos; usted y su esposo necesitan decidirse a estar firmes en la santidad de su matrimonio y de la intimidad sexual, y asegurarse de que sus hijos comprendan su posición.

El limpio de manos y puro de corazón; el que no ha elevado su alma a cosas vanas, ni jurado con engaño. Él recibirá bendición de Jehová, y justicia del Dios de salvación.

Salmo 24:4-5

62 pregunta

¿Por qué usted siente que no es lo suficientemente mujer para él?

Muchos de los sentimientos de inadecuación que experimentan las mujeres se relacionan con la intimidad sexual, y generalmente eso se debe a que su esposo quiere tener relaciones sexuales más a menudo que usted. Aunque es verdad que normalmente él querrá tener relaciones más frecuentemente que usted, la cantidad no siempre equivale a calidad. Usted normalmente usará más energía emocional que su esposo durante la relación sexual, y a veces también necesitará más tiempo para recobrar esa energía. Esto de ninguna manera repercute en su capacidad como mujer para agradar y satisfacer a su esposo.

respuesta

Los sentimientos de inadecuación pueden provenir de sus propias expectativas, los comentarios que realiza su esposo, o las comparaciones de usted con otras, incluyendo las personas que conoce y las modelos publicitarias. Es fácil caer presa del señuelo de la seducción descrito por los medios masivos, y es difícil alcanzar esa medida estándar de esposa perfecta según los medios. Su esposo puede ser víctima de los mensajes transmitidos, y su comentario realmente puede ser un reflejo de lo que ve y escucha.

La mejor manera de tratar sus inquietudes es hablarlas con su esposo. Pregúntele si existen áreas de su vida íntima y pública en que desearía realizar cambios. Sin embargo, los cambios no deberían limitarse a usted, y tendrían que incluir los que su esposo podría realizar así como las cosas que pueden hacer como pareja para mejorar la percepción de sus roles en el matrimonio.

Recuérdele a su esposo que existen muchas maneras de expresar intimidad sin relación sexual; puede alentarlo a usar otros medios para demostrarle su amor. A su vez, considere por qué no está interesada en tener relaciones sexuales más a menudo, y haga sugerencias sobre cómo él podría incrementar su interés.

Aunque pueda ser halagador que su esposo quiera tener relaciones con usted más a menudo, resulta fácil leer entre líneas si hace comentarios acerca de no tener suficientes relaciones íntimas. No busque razones para la insatisfacción, más bien, busque razones para celebrar su amor, su matrimonio, y su mutuo compromiso.

vale la pena pensar

- **Anime a su esposo** a comenzar el proceso de hacer el amor desde el comienzo del día mediante palabras cariñosas y caricias especiales. La intimidad no comienza solamente una vez que se cierra la puerta del dormitorio.
- **Invierta en usted** misma un tiempo extra hoy con manicura, pedicura, limpieza facial y hasta un baño de espuma. Usted se merece el tiempo y la energía extra, y se sentirá mejor respecto de sí misma.
- **Compre ropa interior** atractiva, y prepárese para no vestirla mucho tiempo. No importa su figura ni su edad, el encaje y los volados hacen que toda mujer luzca atractiva.

Amaos los unos a los otros con amor fraternal; en cuanto a honra, prefiriéndoos los unos a los otros.

Romanos 12:10

63 pregunta

¿Qué hace usted si él fracasa en satisfacerla sexualmente?

Aunque la demostración física de amor es importante, no es la única manera de mostrar amor. La intimidad no se limita al sexo. El amor físico se trata de conocer a su esposo personalmente y con compromiso. El sentirse sexualmente insatisfecho puede provenir de muchas razones. Hable con su esposo, y cuéntele sus inquietudes. Las claves para una vida sexual exitosa en su matrimonio son la discusión franca y sincera y la disposición a realizar cambios.

respuesta

Las diferencias fisiológicas entre hombres y mujeres resultan en niveles diferentes de satisfacción sexual. A los hombres se los ha descrito como hornos a gas: rápidos para alcanzar una alta temperatura y rápidos para enfriarse. Las mujeres, por otro lado, son como hornos eléctricos: lentos para alcanzar una alta temperatura y lentos para enfriarse.

Comunicarle esto a su esposo será de mucha ayuda para permitir cambios de sus patrones sexuales para adaptarse a las diferentes necesidades. Promueva la estimulación erótica previa para intensificar y prolongar la experiencia para ambos. Recuerde que no siempre que tenga una relación sexual será la mejor que haya tenido. Evite calificar el encuentro, y en cambio acérquese a cada encuentro con la expectativa de agradar a su esposo.

Aunque la satisfacción sexual contribuye a su sentimiento general de satisfacción marital, no debería ser la única medida de la cual dependa. Existen muchas razones por las cuales ustedes pueden estar atravesando un periodo sexual menos satisfactorio en su matrimonio. Sin embargo, concentrarse en los aspectos buenos y positivos de su matrimonio los alentará a realizar cambios donde sea posible, y perseverar a través de esas áreas que por el momento pueden parecer secas. Si realmente lo buscan, pueden encontrar un oasis aún en medio del más profundo desierto.

vale la pena pensar

- **Prepare la atmósfera** con velas y música. Tome una ducha antes de irse a la cama, o use aceites para masajes.
- **Cuando se concentran** en agradarse el uno al otro, quitan la atención de su propio placer, lo cual puede restar mucho del estrés que a menudo se asocia con el sexo.
- **considere qué es** lo que no los satisface en su vida sexual. Hágale saber lo que le gusta y lo que no. Pregúntele qué le gustaría que usted hiciera de manera diferente. Considere el cambio de posturas, posiciones, o hasta la hora del día o el día de la semana en que normalmente tienen relaciones.

> *La mujer no tiene potestad sobre su propio cuerpo, sino el marido; no tampoco tiene el marido potestad sobre su propio cuerpo, sino la mujer.*
>
> 1 Corintios 7:4

64 pregunta

¿Cómo le demuestra que no se trata sólo de sexo?

Su matrimonio no consiste sólo de sexo. Su amor por su esposo no depende totalmente de que usted se lo demuestre con sexo. La fidelidad, el compromiso y el afecto que muestra fuera del dormitorio son los ejemplos que sienta para sus hijos. A veces parecería que los hombres solamente supieran demostrar su amor y compromiso por medio de las relaciones íntimas, y eso puede ser frustrante. Usted puede demostrarle a su esposo que aunque el sexo es importante para usted, no es la única manera en que demuestra amor.

respuesta

Puede comenzar asegurándose de que ambos tengan tiempo todos los días para hablar sin distracciones de las cosas que ocurrieron ese día y que fueron importantes para ambos. Aparte ese tiempo, prográmelo en su calendario si fuera necesario, y no permita que nada interfiera. Concéntrese totalmente en su esposo, y escuche lo que le está diciendo. Estos serán los asuntos en que será impactante cómo él piensa y actúa.

Recuérdele a su esposo que el sexo no siempre es la meta asegurándose que no todos los momentos íntimos acaben en una relación sexual. Es bueno acurrucarse, simplemente quedarse junto a su esposo dejando que sus manos la exploren y masajeen de una manera no sexual. Los besos, las caricias, las palabras susurradas y las miradas pueden comunicar su amor mutuo. Pongan su música favorita, y dancen juntos por la única razón de querer hacerlo.

La relación sexual sin amor e intimidad es vacía e insatisfactoria. El amor y la intimidad no comienzan ni terminan con una relación sexual. Usted puede alentar a su esposo a mostrar su amor y sus sentimientos por usted de otras maneras aparte del sexo, pero también debería estar dispuesta a permitirle que le muestre cuánto la ama por medio de la relación sexual. El amor y la intimidad en el matrimonio deberían ser gratificantes y satisfactorios para ambos. El secreto está en encontrar tal equilibrio entre las relaciones sexuales y la intimidad que sus necesidades y las de su esposo sean satisfechas.

vale la pena pensar

- **Hable con su esposo** acerca de la percepción que tiene de su amor por él. Fortalezca toda área en que pudiera albergar dudas.
- **Aunque muchos matrimonios** en los que hay problemas de salud florecen sin sexo, la falta de relaciones puede poner estrés en su matrimonio. Si las relaciones sexuales son físicamente difíciles, encuentren otras maneras de mostrarse su amor y crear intimidad entre usted y su esposo.
- **Existen muchos materiales** didácticos bien redactados e ilustrados que con buen gusto y de manera prudente describen posiciones sexuales y técnicas alternativas. Lean esos libros juntos como pareja.

> *No os neguéis el uno al otro, a no ser por algún tiempo de mutuo consentimiento, para ocuparos sosegadamente en la oración; y volved a juntaros en uno.*
>
> 1 Corintios 7:5

65 pregunta

¿Por qué la trata de otra manera ahora que están casados?

Cuando usted y su esposo eran novios, probablemente ambos se comportaban de la mejor manera, deseando cada uno impresionar al otro con su ingenioso encanto, buenos modales y charla inteligente. Sin importar cuánto tiempo salieron o cuánto tiempo duró su compromiso, no conocían a la verdadera persona. Desde que se casaron, probablemente ambos se han sentido lo suficientemente cómodos con el otro para que ya no sean necesarios los detalles del noviazgo, y ahora pueden ser ustedes mismos uno con otro.

respuesta

Aunque los cambios de actitud pueden ser un hecho, nunca es demasiado tarde para realizar en su conducta cambios que muestren cuánto significan el uno para el otro. El matrimonio nunca debería ser una excusa para no saber valorarse mutuamente. Su licencia matrimonial no es un permiso por escrito para tratarse mal uno al otro. Aunque el noviazgo puede ser como un juego, es difícil mantenerse fingiendo a largo plazo. El hecho es que el matrimonio debería ser una razón para tratarse mejor, no peor, mientras logran conocerse mejor, pasan más tiempo juntos, e invierten uno en el otro y en su matrimonio.

Más allá de cómo piense que la está tratando su esposo ahora que ya se casaron, usted puede dar el ejemplo tratándolo como el príncipe que es. Dedique tiempo a decirle a menudo cuánto lo ama. Hágase tiempo para estar juntos, aunque sólo sea para sentarse frente al fuego o dar una vuelta alrededor de la manzana.

Considere su propia actitud hacia su esposo para ver si podría haberle estado enviando mensajes ocultos de que no lo valora. Al hacer cambios en su propia actitud primero, será más probable que vea cambios en él. Comparta con él sus inquietudes, y hablen sobre las maneras en que pueden demostrarse cuánto significan uno para el otro.

vale la pena pensar

- **Marquen en su calendario** al menos una noche por mes como noche de cita. Alternen quién de ustedes será el responsable de los detalles tales como dónde van y qué hacen. No es necesario que gasten mucho dinero. Hasta una visita a una heladería local puede traer a memoria buenos recuerdos de su noviazgo.
- **Deje una nota** cariñosa en su equipo de aseo personal, especialmente si va a salir de la ciudad.
- **Haga una lista** de todas las maneras en que él le muestra que la ama, y guárdela en un lugar seguro donde pueda encontrarla cuando empiece a sentirse otra vez como si no la valorara.

Completad mi gozo, sintiendo lo mismo, teniendo el mismo amor, unánimes, sintiendo una misma cosa.

Filipenses 2:2

66 pregunta

¿Cómo trata con el hecho de que él mire a otras mujeres?

Contrariamente a la opinión popular, el que su esposo mire a otras mujeres de una manera sexual o lujuriosa no es halagüeño para usted o las mujeres en general. Ya que los ojos dirigen al cuerpo y la mente, y debido a que el cerebro de los hombres es estimulado por la visión más que por cualquier otro sentido, si su esposo mira a otras mujeres de una manera sexual, está jugando con fuego. Usted puede ayudarle a vencer esta conducta haciéndole saber cómo la hace sentir, y compartiendo estudios que explican los peligros a los que se está exponiendo.

respuesta

Más allá de lo firme que esté su matrimonio o cuánto dominio propio crea tener su esposo, mirar a otras mujeres es un salto que conduce a la tentación. Las mujeres no son objetos sexuales colocados aquí para el placer de su esposo. Usted es la única mujer en quién él tiene que encontrar placer, y su compromiso con el matrimonio es una manera de mostrar su amor. Comunicárselo hará que sea consciente de su conducta y del impacto negativo que causa a su matrimonio.

Usted puede comenzar preguntándole qué es lo que encuentra en otras mujeres que hace que quiera mirarlas. Si la está comparando con ellas, pregunte si hay algún cambio que él quiere que usted realice. Hágale saber que quiere satisfacer las necesidades que él tiene y que no está compitiendo con esas otras mujeres.

Puede pedirle a su esposo que considere lo que su conducta les está diciendo a otras personas acerca de usted y de su matrimonio, y pegúntele qué sentiría él si otros hombres la miraran a usted o a su hija de esa manera. En la mayoría de los casos se sentiría insultado. Recuérdele que esas otras mujeres también son hijas y quizás hasta esposas.

A pesar de la tentación puesta delante de él, su esposo es un adulto con control de sus emociones y sentimientos. Él no debería tener ojos para otras mujeres aparte de usted, así como usted no debería tener ojos sino para su esposo. Asegúrese de que su conducta concuerde con sus palabras, y dé el ejemplo a su esposo.

vale la pena pensar

- Si encuentra que su esposo lucha con situaciones en que las mujeres están escasamente vestidas, evite esas situaciones. Recuérdele que, como esposa suya, es usted quien merece las miradas que él brinda libremente a otras mujeres.
- Existen muchas maneras de ser fieles en el matrimonio, y la infidelidad no se manifiesta solamente en el contacto sexual. La fidelidad es una actitud que cobra vida por medio de la acción.
- No fomente el que su esposo mire a otras mujeres a través de las películas o programas de televisión que usted mira. Límite la cantidad de contenido sexual al que ambos se exponen, eligiendo programas más familiares.

Hice pacto con mis ojos; ¿cómo, pues, había yo de mirar a una virgen?

Job 31:1

pregunta

¿Cómo le ayuda a comprender que está bien pedir dirección?

respuesta

Y envió Jacob a Judá delante de sí a José, para que le viniese a ver a Gosén.
Génesis 46: 28

67 pregunta

¿Cómo demuestra que le encanta estar casada con él?

Usted podría pensar que su esposo sabe que le encanta estar casada con él porque elige quedarse con él, le dice que lo ama, o cuida sus hijos y la casa. De hecho, nadie puede cumplir esos roles; el rol de esposa y amante y mejor amiga, es un rol que nadie más puede desempeñar excepto usted. Muestre a su esposo que le encanta estar casada con él protegiendo su matrimonio de los ataques y estando firme en su compromiso con él y con su familia.

respuesta

Las familias y los matrimonios están bajo muchos ataques en la sociedad actual, tanto internos como externos. Los ataques internos incluyen la infidelidad, la pornografía, la falta de atención y la complacencia. Los externos, actitudes sociales con respecto a la santidad y definición del matrimonio, así como también presiones laborales y económicas.

También puede demostrarle a su esposo que está comprometida con su matrimonio colocando cercas de protección alrededor de su matrimonio y la conducta de las personas en su hogar. Demuestre solidaridad con la capacidad que tiene su esposo para liderar y proteger a su familia por medio del acuerdo y la discusión en calma. Dé a sus hijos ejemplo de que el matrimonio y la familia son importantes asegurándose de que comprendan que ustedes colocan a su matrimonio y su familia sobre todo lo demás en sus vidas.

Cuando usted ama a alguien, desea hacer lo que es mejor para esa persona. Lo mismo ocurre con su matrimonio. Éste es una representación externa de su amor y su compromiso con su esposo, su deseo de solucionar los problemas que la vida les presenta, y su reconocimiento de que juntos son más fuertes que individualmente. Trate con respeto a su matrimonio, elija hacer lo que es mejor para fortalecerlo, y muéstreles a sus hijos la estabilidad que el matrimonio provee para ellos. Sus hijos se benefician con una relación matrimonial sólida que brinda esa estabilidad, y es más probable que tengan ellos mismos matrimonios firmes y duraderos, lo cual es bueno para la generación venidera.

vale la pena pensar

- **Cuéntele a su esposo** todas las cosas buenas por las que usted está agradecida que provienen de su matrimonio. No limite la lista a las cosas materiales: incluya los cambios que ha visto en él y en usted.
- **Honre a su esposo** con sus acciones así como con palabras. Trátelo con respeto ante los demás y cuando están solos.
- **Enseñe a sus hijos** a demostrar amor y respeto por su padre, y a que le digan a su papá cuán contentos están de que él sea su padre.

> *El que sigue la justicia y la misericordia hallará la vida, la justicia y la honra.*
>
> Proverbios 21:21

68 pregunta

¿Por qué él no puede leer su mente?

Aunque a usted pueda parecerle incomprensible que su esposo no comprenda lo que trata de decir y lo que realmente significa, es necesario que entienda que su mente es un misterio para él. El cerebro se divide en hemisferios derecho e izquierdo tanto en hombres como en mujeres, pero el cerebro del varón tiene menos comunicación entre ambos segmentos. Como resultado, a menos que usted le haga saber lo que piensa y cómo llegó a sus conclusiones, sus procesos de pensamiento le parecerán un laberinto.

respuesta

Debido a la comunicación adicional de su cerebro entre los lóbulos izquierdo y derecho, usted es capaz de tener un enfoque multifocal más fácilmente de lo que puede hacerlo su esposo. Esto se traduce en que usted pueda hablar por teléfono, mirar televisión y saber lo que hacen los niños en la habitación contigua. Esto también explica un fenómeno conocido como "oído selectivo".

Si sus discusiones suelen terminar en lágrimas y acusaciones, o si tiende a demostrar fluctuaciones en su ánimo o conducta, a su esposo puede resultarle difícil saber cómo funciona su mente. Haga un esfuerzo por llegar a las conclusiones mediante el pensamiento racional y los procesos lógicos. Haga los deberes sobre un tema en particular que no conozca mucho para poder discutirlo con él. Pídale que aclare cualquier pensamiento de él que la confunda.

Para que su esposo pueda comprenderla y ser capaz de anticipar sus decisiones, es necesario que usted comparta con él en una atmósfera de confianza y vulnerabilidad. Aliéntelo a que también comparta con usted a fin de que puedan crecer juntos como pareja. Ser capaces de leer mutuamente sus mentes debería ser un proceso que los acerque hacia la unidad.

vale la pena pensar

- **Recuérdele a su esposo** que usted puede encontrar las llaves extraviadas de su auto porque puede tener un enfoque multifocal y que aprecia su capacidad para centrarse singularmente en una tarea específica que requiere concentración adicional.
- **El enfoque más** concentrado de su esposo es crítico cuándo se trata de tomar decisiones. Compartan mutuamente los beneficios de llegar a la misma conclusión desde dos direcciones diferentes como confirmación de la decisión correcta.
- **Verifique su estilo** de comunicación, y realice cambios si ve que está siendo demasiado abstracta en la manera de decir las cosas. Una de las formas de hacerlo es grabar su conversación y luego escucharla para ver si comprendió lo que estaba tratando de decir.

> *Pero tú, oh Jehová, me conoces; me viste, y probaste mi corazón…*
>
> Jeremías 12:3

69 pregunta

¿Cómo puede usted decir la verdad sin mentiritas blancas?

Su relación más íntima es con su esposo, y es natural que quiera que él piense lo mejor de usted. Aunque pueda parecer algo inocente, cuando adorna una historia para hacerla más interesante o que usted luzca mejor, puede deslizarse insidiosamente la transición de la exageración a la mentira. Decir la verdad edifica la confianza, mientras que la mentira puede socavar los fundamentos de su matrimonio. Usted puede decir la verdad y seguir siendo considerada, sabiendo que aunque la verdad pueda doler, nunca daña cuando se dice motivada por el amor.

respuesta

Aunque las mentiritas blancas pueden parecer muy útiles para suavizar la verdad que está tratando de transmitir, puede hablar con la verdad sin tener que recurrir a adornos. Una manera es decir la verdad sin entrar en detalles. Generalmente es en la explicación de los hechos donde usted puede meterse en problemas al decir demasiado.

La verdad no significa decir todo acerca de un tema en particular. Usted no sabe todo, y aunque lo supiera, la persona que escucha probablemente no desea saber todos los detalles. Puede decir la verdad en amor encontrando siempre al menos dos cosas buenas para decir por cada cosa negativa. Inserte lo negativo entre dos comentarios positivos de modo que comience y termine con una nota positiva.

La comunicación es un delgado hilo entre usted y su esposo, y usted no quiere que su esposo la vea como alguien tan franca que cuando le habla siempre termine herido. Por otro lado, quiere que la tome en serio, y que crea lo que le está diciendo.

Considere su estilo de comunicación, y haga cambios si ve mentiras blancas de cualquier tamaño deslizándose con sigilo. Sus intenciones pueden ser las mejores, pero los demás no van a juzgarla por sus intenciones. La juzgarán por lo que dice y hace. A veces, no dar una opinión será la mejor manera de mostrar su amor.

vale la pena pensar

- Si su esposo le pide su opinión y usted no puede encontrar algo bueno que decir, no diga nada en absoluto.
- Si no sabe cómo responder sin lastimar o ser obligada a mentir, intente esto: "Es una buena pregunta. ¿Tú que piensas?"
- "No sé" es una buena respuesta. No haya nada malo en admitir que usted no tiene una opinión o conocimiento de un tema que está siendo discutido.

¿Quién es el hombre que desea vida, que desea muchos días para ver el bien? Guarda tu lengua del mal, y tus labios de hablar engaño.

Salmo 34:12-13

70 pregunta

¿Cómo sabe usted cuándo compartir una confidencia con él?

Dentro de su círculo de amigos y conocidos, alguien se siente obligado a compartir un chisme con usted si le promete no decírselo a nadie. Usted puede saber cuáles confidencias compartir con su esposo conociendo de antemano las situaciones que él considera importante saber y las que no. Hablar con su esposo de las circunstancias generales en que cada uno esperará compartir confidencias es la clave para resolver el dilema antes de que se suscite.

respuesta

Hablar de esta situación antes de que se transforme en un problema fortalecerá la confianza entre usted y su esposo. La confianza no se promueve con secretos. Esto no significa que tiene que decirle todo: algunas cosas no son lo suficientemente importantes para transmitirlas.

Existen varias situaciones en que debería hacerle saber a su esposo lo que está ocurriendo. Debería compartir si la confidencia involucra a alguien cercano a él, o que tiene negocios con él, o si lo que oyó hará que él dé una mala imagen.

Cuando que luche con un problema o una decisión, siempre es apropiado acudir a su esposo. Puede pedirle consejo sin divulgar los detalles. La mayoría de los secretos son una manera de controlar su opinión y sus acciones, y probablemente será difícil confirmar la verdad o la totalidad de los detalles sin faltar a la confidencia. Además, siempre está la inquietud de que si alguien divulga el secreto, usted puede ser culpada de ello.

Es mejor no tener confidencias que siente que no puede compartir con su esposo. Evite las situaciones en que se esparcen chismes, o donde es probable que escuche o vea algo sin intención de hacerlo. Si evita aun la apariencia de estar involucrada en la confidencia, puede ayudar realmente a las personas implicadas siendo una parte neutral, no afectada por el secreto. Al no estar mezclada en la situación, puede ser una mejor amiga.

vale la pena pensar

- No importa cuán jugoso sea el chisme que su amiga quiera contarle, si comienza la afirmación con "Promete que no se lo dirás a nadie", ésa es una buena oportunidad para decirle que usted no tiene secretos con su esposo. Advertida, ella puede entonces tomar la decisión de contarle o no.
- De ningún modo revele secretos patrimoniales de su empleador, especialmente si ha firmado un acuerdo de no divulgación.
- Obviamente existen algunos secretos que está bien no compartir, incluyendo los preparativos para una fiesta sorpresa, el género de un bebé por nacer, o ejemplos similares donde la verdad es la sorpresa. Use el sentido común.

Y el efecto de la justicia será paz; y la labor de la justicia, reposo y seguridad para siempre.

Isaías 32:17

71 pregunta

¿Por qué es una buena idea tener cuenta bancaria conjunta?

Cuando usted y su esposo se casaron, se comprometieron uno con el otro por el resto de sus vidas. Cada uno decidió que están mejor juntos que separados, y esta misma verdad se aplica a todos sus bienes, incluyendo la cuenta bancaria. Unir las cuentas bancarias es una buena idea a causa de lo que dicen acerca de su matrimonio: confían el uno en el otro, y no tienen secretos el uno con el otro.

respuesta

Las cuentas bancarias conjuntas muestran el amor, asegurando que su cuenta bancaria está disponible para cualquiera de los dos en casos de emergencia. Esta forma sencilla de prever muestra cuidado e interés por su esposo cuando usted da los pasos para que cada área de su vida esté en unidad con él. En un tiempo en que afronten decisiones abrumadoras o difíciles, las finanzas no serán un problema.

Combinar sus fondos hace rendir más el dinero ya que comparten los gastos, y tener el dinero en una cuenta ayuda en el proceso de administración porque una disminución en los ingresos se absorbe con mayor facilidad. Su contabilidad es más sencilla, y con la contribución de ambos a la cuenta, hay un sentido de responsabilidad para con sus gastos.

Aunque haya solamente uno que recibe ingresos en su casa, tener una cuenta bancaria conjunta significa que cualquiera de ustedes dos puede pagar las cuentas o hacer las compras para la familia. Se quita la percepción de propiedad del dinero, capacitándolos a ambos para sentir su derecho a las finanzas de la familia.

En términos generales, las parejas que tienen cuentas bancarias conjuntas tienden a estar más de acuerdo en las finanzas, toman más decisiones financieras juntos, y están en mejor posición económica que otras parejas que mantienen sus cuentas separadas. La unidad en el matrimonio es importante, y a menudo esa unidad se demuestra en la confianza mutua en lo que concierne al dinero.

vale la pena pensar

- **Para asegurarse de** dónde están con sus cuentas y deudas, es mejor si una persona se asegura de que las cuentas estén pagas cada mes. Compartan la carga haciendo que la otra persona haga el balance de su chequera.
- **Las cuentas conjuntas** no se limitan a cuentas corrientes. La unión de bienes es una buena idea por las mismas razones que las cuentas conjuntas.
- **Las cuentas separadas** son buenas si les gusta planificar sorpresas especiales de uno para el otro que requieran más que efectivo, tales como aniversarios, vacaciones, o mayores regalos. Decidan juntos cuánto dinero se pondrá cada mes en las cuentas separadas.

El corazón de su marido está en ella confiado,
y no carecerá de ganancias.
Proverbios 31:11

72 pregunta

¿Cuándo está bien tomar vacaciones por separado?

Las vacaciones conjuntas para las parejas casadas son un tiempo de experiencias compartidas, un intervalo entre el trabajo y las demás obligaciones, y una oportunidad de pasar tiempo con quien se ama. Sin embargo, algunas circunstancias podrían requerir vacaciones separadas, tales como que su esposo no pueda tener tiempo libre, que usted tenga que acompañar a algunos parientes o visitar a la familia, o que su esposo no conozca a nadie de la reunión de la escuela o la universidad. Las vacaciones separadas deberían limitarse, y deberían esmerarse en poder compartir el tiempo libre.

respuesta

Hay personas a quienes les resulta difícil conseguir tiempo libre, y su esposo puede ser una de ellas. Anímelo a que capacite en su trabajo a alguien que pueda ayudarlo regularmente y reemplazarlo durante las vacaciones. Programe las vacaciones para la época del año en que él esté menos ocupado si fuere posible. Si su esposo tiene dificultades en dejar el trabajo por una semana o más de una vez, disponga a lo largo del año varias minivacaciones en que puedan tomarse dos o tres días los fines de semanas e irse juntos.

Si usted tiene más tiempo de vacaciones que su esposo, considere el voluntariado en un evento comunitario local, tomar clases de pintura o tomar parte en otra actividad que le gustaría realizar. Disponga su tiempo de tal manera que cuando su esposo regrese a casa por la noche o el fin de semana, usted esté libre para pasar tiempo con él.

Compartir tiempo como pareja y como familia es importante. El tiempo libre les da la oportunidad de relajarse y abrirse uno al otro lejos de las distracciones y los problemas de la vida diaria. Anime a su esposo a pasar más tiempo con usted haciéndole saber que él es especial para usted.

vale la pena pensar

- **Si su esposo** realmente no desea ir a la reunión de la escuela superior, no fuerce la situación. Considere acortar el viaje en un par de días y volver a casa temprano.
- **Si decide irse** de vacaciones sin su esposo, viajar con un grupo de mujeres o amigas de la iglesia puede proveerle compañía y una variedad de intereses para elegir.
- **Aliente a su esposo** a ir de vacaciones con usted eligiendo un destino y actividades que a ambos les interesen.

> *Pero Dios ordenó el cuerpo, dando más abundante honor al que le faltaba, para que no haya desavenencia en el cuerpo, sino que los miembros todos se preocupen los unos por los otros.*
>
> 1 Corintios 12:24-25

73 pregunta

¿Cómo ayuda a su esposo a admitir que se ha equivocado?

Nunca resulta placentero admitir que se ha cometido un error, y si a usted le incomoda, a su esposo todavía más. Más allá de por qué no le guste admitir que está equivocado, usted puede ayudarlo a comprender que admitir un error no es señal de fracaso y de ninguna manera socava su capacidad para liderar su familia; en realidad, ser pronto para admitir que se está equivocado muestra fortaleza de carácter y liderazgo.

respuesta

Los verdaderos líderes reconocen rápidamente si cometen errores y responden instantáneamente con un curso de acción para corregirlos. Una señal del liderazgo es admitir un error antes de que nadie tenga la oportunidad de acusarlo de haberlo cometido. Disculparse por un error disipará rápidamente el enojo y abrirá las puertas a una solución.

Puede ayudar a su esposo admitiendo cuando usted misma comete un error. Hágalo públicamente si el error fue en público. Incluya a todas las partes que sabían del error. De esta manera muestra a su esposo que admitir los errores tiende a hacer que la gente piense mejor de usted y no peor, y le demuestra a su esposo que usted misma comete errores, y sabe que los comete.

Cuando su esposo vea que tomar una mala decisión o cometer un error no cambia la manera en que usted piensa de él, no estará tan dubitativo para admitir que se equivocó. Su apoyo hacia él en ese tiempo es crucial. Así que busque maneras de alentarlo en sus procesos para decidir de modo que realice elecciones que los beneficien a ambos.

vale la pena pensar

- Usted puede ayudar a que su esposo admita un error al hacerse cargo como pareja de una mala decisión. Cuando admiten juntos que hicieron una mala elección, no se deposita toda la culpa sobre una sola persona.
- Hable con su esposo de sus inquietudes, y pregúntele cómo puede ayudar. Sugiérale orar juntos como pareja por guía y sabiduría para ambos.
- Si el error es recurrente e hiere sus sentimientos, tal como olvidar su aniversario o cumpleaños, ofrezca preparar un recordatorio para él, como un sistema de calendario online, o anotar las ocasiones en su calendario con una anticipación de varios días para que tenga tiempo de planificar algo especial.

> *Tú, Señor, eres bueno y perdonador, grande es tu amor por todos los que te invocan.*
> Salmo 86:5, NVI

74 pregunta

¿Cuánto necesita saber él acerca de su pasado?

Compartir detalles de su pasado genera vulnerabilidad y depende de la confianza que no cree una división entre las personas. A veces el saber demasiado del pasado de una persona cambia la forma en que usted piensa de ella o la forma en que la trata. Cuando se trata del matrimonio, es importante poder crear una atmósfera de confianza y franqueza. Las experiencias de su vida la han hecho la persona que actualmente es, y en algunos casos, para que su esposo realmente la comprenda, puede necesitar conocer algunos detalles de su pasado.

respuesta

Su esposo debe saber cualquier cosa de su pasado que pudiera afectarlo directamente o que podría ser usado en contra de ustedes en el futuro. Como su matrimonio es una combinación de dos personas, todo lo que le pertenece a una de ellas, ahora se convierte en parte de la otra. Debería contarle a su esposo su historia clínica para el caso de una emergencia en que usted no fuera capaz de hablar por sí misma. Incluya cualquier información familiar pertinente referida a la salud tal como problemas genéticos o hereditarios.

Su esposo no necesita saber nombres o detalles de las relaciones pasadas que usted pueda haber tenido, porque esas relaciones ya no existen. Sí necesita saber que el pasado de él está seguro con usted, y puede alentarlo a hablar de sus relaciones anteriores cuando se sienta cómodo.

Aunque su condición y/o situación actual puede ser producto de las elecciones que realizó en el pasado, una elección equivocada que haya realizado no necesariamente repercutirá mal en usted. De hecho, cuando su esposo entienda que ya no es más esa mujer, y que ha aprendido de esos errores, realmente confiará más en usted.

vale la pena pensar

- **Si su esposo** se entera de su pasado por otra persona, podría tender a confiar menos en usted, porque puede considerar el hecho de que le haya retenido esa información como una señal de que no confía en él.
- **Cuando toma la decisión** de compartir su pasado con él, no es necesario que le revele todo de una vez. Si fuere necesario puede dividirlo en varias secciones, tales como relaciones pasadas, hábitos que ha cambiado, o decisiones tomadas.
- **Debería ser fácil** compartir los buenos recuerdos del pasado con su esposo. Saque el álbum de fotografías o antiguos videos familiares, prepare un bol con palomitas de maíz, y ríase de usted misma.

> *Porque las angustias primeras serán olvidadas, y serán cubiertas de mis ojos.*
>
> Isaías 65:16

75 pregunta

¿Cómo y cuándo le dice a él que tiene mal aliento?

No importa cuán buena sea su higiene bucal, hay circunstancias en que puede terminar con mal aliento. El mal aliento puede deberse a indigestión, a la comida, las bebidas, el fumar, o una infección. Su esposo puede no saber que tiene mal aliento. Debería decírselo en privado tan pronto como lo note, y tener un remedio para la situación, al menos a corto plazo.

respuesta

Comience preguntándole si piensa que su aliento necesita refrescarse. Luego ofrézcase a verificar el de él. Si decide que su aliento no es fresco, hágaselo saber. Tener chicles o pastillas de menta a mano ofrecerá una solución inmediata.

Trate de determinar qué ocasiona el mal olor. Aunque la mayoría de las personas comprende que las comidas condimentadas con especias, así como el café o el cigarrillo, pueden ser los culpables, muchos no saben que una infección dental o un problema digestivo pueden ser la causa. Si fuera necesario, visite a su odontólogo para descartar caries e infección.

Muchas veces el mal aliento crea en los demás la impresión que quien lo padece no se preocupa por si es ofensivo, y la percepción de falta de higiene puede repercutir mal en su esposo. Si observa que otros evitan el contacto cercano con él durante la conversación, hágale saber a su esposo que no es sólo su propia opinión la que importa. En la mayoría de los casos, estará más que dispuesto a dar los pasos necesarios para no ofender a otros.

En las relaciones de negocios así como con la familia y los amigos, a veces es necesario trabajar en contacto con otras personas. Probablemente su esposo sea muy diligente en otros aspectos de su higiene personal, y la higiene bucal no debería ser la excepción. Cuando usted y su esposo tienen un enfoque proactivo hacia el contacto público con los demás, pueden ayudarse mutuamente siendo diligentes en notar lo que el otro necesita.

vale la pena pensar

- Preparen una palabra secreta o un símbolo con el cual pueden hacerse saber uno al otro cuando necesiten refrescar su aliento.
- Elegir limitar el café y las comidas picantes puede ser una solución, a menos que pueda cepillarse los dientes o usar un enjuague bucal.
- A veces si una persona está nerviosa o ansiosa, tiende a producir menos saliva, lo que causa sequedad en la boca y aumenta el potencial para que tenga mal aliento. Si su esposo va a pasar por una situación en la que podría estar nervioso, sugiera que lleve una barra de caramelos o agua para beber.

> *Yo dije: Subiré a la palmera, asiré sus ramas. Deja que tus pechos sean como racimos de vid, y el olor de tu boca como de manzanas.*
>
> Cantar de los Cantares 7:8

76 pregunta

¿Cómo responde usted cuando él la avergüenza?

A nadie le gusta ser avergonzado, y especialmente por otra persona. Avergonzar intencionalmente a otra persona es muchas veces una reacción por estar herido o querer que la otra persona se vea mal. En la mayoría de los casos, probablemente encontrará que cuando las palabras o acciones de su esposo la avergonzaron fue de modo completamente involuntario. Usted puede elegir amar a su esposo a pesar de su conducta, recordándose que el amor no es circunstancial: es una elección.

respuesta

Si elige amar a su esposo solamente cuando tiene ganas o cuando él lo merece, probablemente encontrará muchas razones para no amarlo. Si, no obstante, reconoce que elige amarlo aunque él la avergüence, podrá mirar más allá de su conducta y concentrarse en sus motivos.

Hable con su esposo si algo que él hace la avergüenza, especialmente si es algo que ha hecho repetidamente. Hágale saber cómo la hace sentir cuando lo hace. Si usted sabe que otros que lo rodean también son avergonzados hágaselo saber. Sugiérale una actitud o conducta alternativa para una situación similar. Hágale saber cuando ve que ha intentado cambiar su conducta.

Si ve que otros a su alrededor no se están sintiendo incómodos con su conducta, considere si puede ser que usted esté reaccionando de manera exagerada. El protocolo y las expectativas sociales pueden cambiar con el tiempo, y tal vez está siendo demasiado sensible.

Si su esposo parece estar avergonzándola como respuesta a su conducta, analice si algo que usted dijo o hizo lo ofendió de algún modo. Si es así, discúlpese, aunque haya sido involuntario, y luego hablen de formas alternativas de manejar sus reacciones en el futuro.

vale la pena pensar

- Cualquier discusión que tengan sobre lo que usted considere una conducta vergonzosa debería realizarse en privado.
- Aunque la conducta sea completamente involuntaria, tal como la excesiva flatulencia, considere los cambios que podrían realizar. Por ejemplo, la flatulencia puede ser causada por comer demasiado o por lo que se consumió. Aunque los responsables comunes son las legumbres o vegetales de hojas verdes, a veces los productos de tomate y los jugos cítricos pueden causar los mismos síntomas si uno ingiere demasiado de cierta comida o bebida.
- Elegir amarlo no es una decisión que usted toma una sola vez y ya está. A veces puede ser necesario tomar esa decisión varias veces al día.

> *Y bienaventurado es el que no halle tropiezo en mí.*
>
> Mateo 11:6

pregunta

¿Cómo puede cuestionarlo sin socavar su masculinidad?

respuesta

A ti, oh Dios de mis padres, te doy gracias y te alabo, porque me has dado sabiduría y fuerza, y ahora me has revelado lo que te pedimos.

Daniel 2:23

77 pregunta

¿Cómo maneja el no saber dónde está su esposo?

El querer estar con su esposo y pasar tiempo con él es el flujo natural de un buen matrimonio. El secreto para poder permitirle a su esposo la libertad que él necesita para vivir una vida productiva e independiente aunque todavía siendo responsable por sus acciones, es hacerle saber que sus inquietudes se basan no en la desconfianza o el fatalismo sino en el bienestar y la seguridad de sí mismo.

respuesta

Podría haber un sinnúmero de razones por las que usted pudiera no saber dónde está su esposo en un determinado momento. A él podría no haberle parecido necesario hacerle saber que va a llegar un poco más tarde de lo esperado. Circunstancias cotidianas tales como el tránsito, el exceso de trabajo, o el no estar atento a la hora, pueden retrasar su arribo. Convenga con su esposo cuál es para ambos el margen máximo de demora que esperarán antes de hacer una llamada telefónica.

Hay situaciones específicas en que su falta de explicaciones podría indicar un problema. Estas podrían incluir conducir solo en la noche, viajar con mal tiempo o encontrarse en un lugar extraño. Antes de hacer cualquiera de estas cosas, converse sobre planes para mantenerse en contacto ante contingencias, y cómo le hará saber a usted si necesita ayuda. Cuando viaja, es bueno saber adónde va y cuándo se espera que llegue allí. Permita cierto margen de movimiento en su itinerario, y decidan a quién llamará si él no llega allí.

Alarmarse cuando él no está donde dijo que estaría puede ser producto de una innecesaria preocupación. Plantéese si está tratando de controlarlo demasiado. No es necesario que sepa dónde está a cada minuto. Está bien hacerle saber que se preocupa cuando no está enterada, pero también puede asegurarle que confía en él y que no lo está controlando.

vale la pena pensar

- **Si se siente mal** por no saber dónde está su esposo, podría deberse a una falta de confianza. De ser así, hable con él sobre las maneras en que pueden estar más en contacto, tales como por el teléfono celular. Muchas veces el saber que usted puede llamarlo será suficiente para disipar sus inquietudes.
- **Si hay cuestiones** de potenciales emergencias —tales como problemas médicos— que podrían requerir que se contacte con su esposo de inmediato, consideren tener un localizador. Muchas veces éstos funcionan en áreas en que los celulares no lo hacen.
- **Si se preocupa más** cuando su esposo viaja, oren juntos antes de partir. Manténgase diariamente en contacto mientras está ausente.

> *Y el Dios de esperanza os llene de todo gozo y paz en el creer, para que abundéis en esperanza por el poder del Espíritu Santo.*
>
> Romanos 15:13

78 pregunta

¿Cómo sabe usted que él realmente desea que su relación sea exitosa?

Con la tasa de divorcios en más del 50 por ciento, fácilmente podría pensarse que muchas personas ven al matrimonio como algo menos que permanente. Los estudios han demostrado que cuando las personas consideran al divorcio como opción, el matrimonio tiende a no perdurar. Usted puede saber si su esposo realmente quiere un matrimonio duradero escuchando sus palabras, conociendo su corazón y comprendiendo cómo demuestra él fidelidad y compromiso.

respuesta

Es fácil creer que su esposo la ama y disfruta de su matrimonio cuando las cosas van bien. Sin embargo, cuando surge alguna clase de conflicto, sus palabras pueden decirle más acerca de sus sentimientos. Escuche cuidadosamente lo que él dice. Si nunca usa la palabra divorcio como una amenaza o una opción, puede estar segura de que es muy probable que esté comprometido con el éxito y longevidad de su matrimonio.

Usted puede saber lo que su esposo siente respecto a su relación por cómo responde a los ataques contra ella. Si ve que le duele cuando usted está en desacuerdo sobre un asunto, puede saber que él desea la unidad. Si la defiende ante los demás, y la elogia sinceramente, es una señal de su devoción.

Su esposo probablemente demostrará su fidelidad y compromiso con usted de varias maneras. No hace falta decirlo, la fidelidad sexual y relacional es importante para mostrar su deseo de que su matrimonio triunfe. Él dará un buen ejemplo a sus hijos sobre cómo ser un adulto responsable y un buen esposo y padre. Realizará cambios apropiados para convertirse en un mejor esposo, y escuchará sus inquietudes, permitirá su aporte en las decisiones, y validará sus sentimientos e ideas.

En resumen, su esposo le mostrará en todas las áreas de su vida y relación que no sólo quiere que su relación tenga éxito, sino que además desea que crezca y mejore.

vale la pena pensar

- **Ser un adulto** comprometido con su matrimonio no sólo significa que por la noche venga a casa a cenar. Significa además que valora su relación matrimonial por sobre todas las otras relaciones y coloca su bienestar en primer lugar sobre cualquier otra cosa en su vida.
- **Usted puede mostrarle** a su esposo que aprecia el tiempo y la energía que invierte en su matrimonio asegurando que su relación con él es más importante que cualquier otra relación.
- **Cuando el divorcio** no es una opción, el amor, la perseverancia, el respeto y el honor llenarán los vacíos. No use la palabra divorcio como un arma, y no la tenga como un plan B.

> *Si oyeren, y le sirvieren, acabarán sus días en bienestar, y sus años en dicha.*
>
> Job 36:11

79 pregunta

¿Cuál es el lenguaje amoroso de su esposo?

Se han escrito libros enteros sobre el tema de los lenguajes del amor, la expresión del amor físico y relacional. La manera en que usted demuestra su amor por su esposo será diferente de la que expresa su amor por su familia o amigos. Pero su amor por su esposo no se demuestra solamente de una manera física.

respuesta

Existen cinco maneras de mostrar amor, cada una con sus propias variaciones y aplicaciones: *palabras, toque, tiempo, servicio y regalos.* Cada persona comprenderá el amor por medio de un lenguaje del amor principal, y muchas veces tendrá también uno o más lenguajes secundarios.

Usted puede determinar cuál lenguaje comprende mejor su esposo considerando cómo le dice que la ama. Muchas veces las personas usan su propio lenguaje para comunicar sus sentimientos. Observe cómo expresa él su amor por su familia y sus amigos.

Piense cómo responde él a sus intentos de decirle que lo ama. Si responde más al compartir tiempo que a los regalos, sabrá que el tiempo es al menos uno de sus principales lenguajes del amor.

Mediante este proceso, usted puede encontrarse con que ha estado demostrándole su amor todo este tiempo, y que él lo entendió. En este caso, el proceso se lo habrá confirmado y le permitirá concentrar su energía en aquello a lo que él responde. Mostrar amor es una respuesta natural a los sentimientos amorosos; y profundizar su relación matrimonial; y ser capaz de recibir y comprender el amor es esencial para el éxito de su matrimonio.

vale la pena pensar

- **Si no está segura** de cuál sea el lenguaje que habla su esposo, concéntrese en cada uno de los lenguajes durante una semana a la vez para ver a cuáles responde.
- **Las *palabras* de amor** incluyen afirmación y elogio. El *toque* no se refiere sólo al sexo; también incluye tomarse de la mano, hacer masajes y besar. El *tiempo* es elegir compartir tiempo en vez de hacer otra cosa. El *servicio* es hacer cosas para él tales como llevar su maletín al auto. Los *regalos* incluyen cosas que usted compra o hace, tales como sus galletitas preferidas.
- **Si le cuesta** encontrar el lenguaje que él comprende, pregúntele sobre las veces en que se sintió especialmente amado, o pregunte cómo se mostraban amor los miembros de su familia unos a otros.

> *...seáis plenamente capaces de comprender con todos los santos cuál sea la anchura, la longitud, la profundidad y la altura, y de conocer el amor de Cristo, que excede a todo conocimiento.*
>
> Efesios 3:18-19

80 pregunta

¿Cómo puede demostrarle amor sin involucrar el sexo?

Aunque el sexo dentro de los límites del matrimonio es una manera maravillosa de expresar su amor y mejorar su mutua conexión emocional, no es la única manera de demostrarse amor uno al otro. Puede haber momentos de su matrimonio en que las relaciones sexuales no son prácticas o posibles, como durante tiempos de enfermedad o cuando uno de ustedes está lejos del hogar. Sin embargo, existen otras maneras de expresar su amor y su conexión, y una de ellas es saber cómo comprende el amor su esposo.

respuesta

Su esposo puede comprender las demostraciones de cariño de manera diferente que usted, y estar dispuesta y poder mostrarle amor del modo que él entienda lo animará a conectarse con usted emocionalmente además de físicamente. Conocer el lenguaje del amor de su esposo la ayudará a conocer otras maneras de mostrar amor aparte de las relaciones sexuales.

Aunque el toque sea el principal lenguaje del amor de su esposo, no todo toque tiene que ser sexual en naturaleza y resultado. El toque y el contacto no sexual serán importantes para sustentar su matrimonio, especialmente si alguno de ustedes viaja mucho o tiene un empleo que requiere pasar largos periodos de tiempo separados. Aunque no se pretende reemplazar la intimidad sexual, el estar físicamente juntos puede llenar la falta de momentos íntimos.

Más allá de cuáles sean los principales lenguajes del amor de su esposo, aún puede mostrar amor de otras maneras. Pasar tiempo juntos, darle pequeños obsequios o recuerdos de su amor por él, conversar y hacer cosas especiales para él, son otros métodos para demostrarle su amor y afecto.

vale la pena pensar

- **Si su esposo** pasa mucho tiempo de pie durante el día, planifique una sesión especial de lavado de pies para él. Use agua perfumada en una palangana o vasija, tenga cerca una toalla tibia para secar sus pies, y use una loción perfumada con especias o menta para frotarle los pies después.
- **Haga un pequeño** esfuerzo y gasto adicional al planificar y preparar una cena especial para él. Estará conmovido de que se interese tanto como para tomarse esa molestia.
- **Recuerde despedirlo siempre** con un abrazo, un beso y una sonrisa, aunque vaya solamente al negocio de la esquina por un periódico.

> *En esto conocemos lo que es el amor:*
> *en que Jesucristo entregó su vida por todos nosotros.*
> 1 Juan 3:16 NVI

81 pregunta

¿Cómo le demuestra amor cuando no están juntos?

La empresa actual y el mundo corporativo a menudo requieren de muchos viajes, y puede parecer difícil expresar su amor por su esposo cuando están separados por millas o hasta zonas horarias. Sin embargo, sea que su esposo regrese a casa todas las noches o trabaje fuera de su casa, aún puede demostrarle su amor cuando no están físicamente en la misma habitación.

respuesta

Muchas veces todo lo que se requiere es planificar por anticipado de modo que esté preparada.

Sin importar por qué no están juntos o cuánto tiempo estarán separados, aún puede hacerle saber que lo extraña y que está esperando ansiosamente que regrese a su hogar. Las llamadas telefónicas a horarios convenientes durante el día, especialmente si uno de ustedes está fuera de la ciudad, le permiten estar al tanto de lo que ocurre en el hogar, y restablecer la conexión emocional mutua. Los mensajes de texto, correos electrónicos y faxes, que tienden a ser menos entorpecedores, pueden servir al mismo propósito, aunque nada reemplaza realmente al oír el sonido de la voz de cada uno.

Si su esposo tiene que viajar, ofrézcale preparar su valija. Incluya una fotografía de ambos puesta en el bolsillo de una chaqueta. Además puede incluir un pañuelo con un toque de su perfume favorito. Cuando desempaque su valija, recordará cuánto lo ama y se interesa por él.

Establecer un patrón de conexión mutua durante el día les ayudará a mantener este hábito aunque uno de ustedes esté fuera de la ciudad. Si tienen hijos, incluya a su esposo al despedirlos para dormir, y si él está en otra ciudad, asegúrese de que hablen con él por teléfono antes de irse a dormir.

Separar tiempo para estar juntos antes de un viaje de negocios prolongado les ayudará a sustentar su intimidad mientras están separados. Compartir tiempo les recuerda su amor mutuo, y les permite hablar de cualquier cosa que sea necesario tratar antes de que el viaje los separe físicamente.

vale la pena pensar

- **Si su esposo** viaja por negocios, usted puede mostrar su amor cuidando de la casa, sus hijos, y de sí misma mientras él no está. Pague las cuentas, trate con cada problema que surja, y prepare sus horarios de modo que las actividades diarias, tales como lavar la ropa y limpiar la casa, estén listas antes de que él regrese.
- **El actuar como** si su esposo estuviera con usted en todo momento demuestra su amor. Manejar responsablemente el dinero cuando él no está muestra no sólo amor, sino también respeto.
- **Esté contenta de verlo** cuando regresa a su casa, y disponga una bienvenida especial, aunque se haya ido por un solo día. Luzca una sonrisa al saludarlo, ¡y la próxima vez querrá volver más pronto!

> *Pero acerca del amor fraternal no tenéis necesidad de que os escriba, porque vosotros mismos habéis aprendido de Dios que os améis unos a otros.*
>
> 1 Tesalonicenses 4:9

82 pregunta

¿Por qué debería ponerle notas de amor en sus almuerzos?

Un hombre tenderá a querer volver al hogar, al lugar donde siente que ha sido extrañado, donde es valorado, amado y necesitado. Usted puede hacer un trabajo maravilloso al mostrarle su amor cuando él está con usted. Sin embargo, vendrá el tiempo en que uno o ambos tendrán que irse a trabajar. Colocar notas cariñosas en su almuerzo resultará en cosas muy positivas, incluyendo ayudarles a permanecer conectados, trayendo a su memoria buenos recuerdos y haciéndolo sonreír. El solo acto de tomarse tiempo para colocar una nota breve en su almuerzo le recordará su relación mutua. Aunque él haya tenido un mal día, traerá una sonrisa en su rostro al recordar que usted lo está esperando en su hogar.

respuesta

Cuando los amigos de su esposo vean sus expresiones de amor, los hará sentir celosos y desear la misma clase de relación. La Biblia dice que el celo santo es bueno. Sus notas pueden alentar a los demás a realizar cambios en sus vidas para emular la relación que usted tiene con su esposo.

Una nota de amor puede usarse para traer a la memoria de su esposo un recuerdo especial que ambos tienen. También puede agradecerle por algo que hizo recientemente y que la conmovió mucho. Hasta puede usar una nota cariñosa para decirle algo personal e íntimo que no ha podido expresar.

Una nota de amor en el almuerzo de su esposo es otra forma de comunión, la cual dice la Biblia, es importante entre quienes aman a Dios. La comunión no se limita al hecho de comer juntos, sino que demuestra acuerdo y amor entre usted y otros. Usted puede recordarle a su esposo su acuerdo y su deseo de intimidad por medio de esta forma de comunión a larga distancia.

vale la pena pensar

- **Para asegurarse de** que la nota no sea leída por la persona equivocada, póngala entre dos objetos, tales como el sándwich y las galletitas.
- **Si su esposo** no lleva almuerzo, puede colocar la nota en el bolsillo de su chaqueta o de los pantalones.
- **Use estas notas** para expresar amor hacia su esposo, no para recordarle que recoja la leche camino a casa. Cuide que la nota sea breve, directa y optimista.

> *Que nunca te abandonen el amor y la verdad: llévalos siempre alrededor de tu cuello y escríbelos en el libro de tu corazón.*
>
> Proverbios 3:3 NVI

83 pregunta

¿De qué manera la demostración pública de afecto le demuestra su amor?

Las manifestaciones públicas de afecto han sufrido una transición radical en años recientes. Antes, caminar de la mano por la calle habría sido inapropiado hasta para una pareja casada; ahora esas demostraciones visibles de cariño son apropiadas y hasta promovidas. La manifestación pública de sus sentimientos hacia su esposo, por supuesto, estará limitada normalmente a signos no sexuales.

respuesta

Al mostrar su relación íntima fuera del entorno privado demuestran su mutuo compromiso y sientan un buen ejemplo para los demás, siempre que muestre su amor e intimidad de una manera prudente y de buen gusto. Puede mostrar a los demás que el amor se refiere a sentirse cómodos uno con el otro y con la relación de modo que no tienen que ir a conductas extremas.

Las demostraciones públicas de afecto requieren más dominio propio que una manifestación privada, y los motivan a actuar respetuosa y responsablemente porque saben que otros los miran. Pueden mostrar a sus hijos cómo demostrar afecto en público andando de la mano, con besos sobrios y caricias apropiadas, determinando pautas que les ayudarán en sus propias relaciones de noviazgo.

El mostrar amor en público puede ser para usted un gran paso fuera de su zona de comodidad, y mostrarle afecto a su esposo puede requerir mayor valentía de su parte. Esto puede ser bueno, especialmente si sabe que lo está haciendo porque a él le agrada y quiere participar en esas demostraciones de afecto hacia usted.

Si su esposo no está cómodo con esas demostraciones, podrían comenzar yendo de la mano o acariciándose más en la privacidad de su hogar o en su auto cuando viajan juntos. También puede comenzar hablando con él acerca de su reticencia, y asegurándole otra vez que desea mostrar su afecto por él, a él y a los demás, de una manera apropiada. Si pone límites, asegúrese de mantenerse en ellos.

vale la pena pensar

- **Las demostraciones públicas** de afecto tienen el propósito de renovarlos y reconectarlos durante el tiempo en que no están solos.
- **Ellas pueden ser** parte de una estimulación previa de una manera no sexual. El contacto es importante para su intimidad sexual, y las demostraciones públicas de afecto pueden comenzar el proceso de estimulación de los sentidos.
- **Las demostraciones públicas** de afecto deben ser apropiadas a la ocasión, y usted nunca debería hacer sentir incómodo a ninguno de quienes la rodean, especialmente a su esposo. Cuando se trata de las demostraciones públicas de afecto, menos es mejor que demasiado, y no debería llamar la atención hacia usted misma ni distraer a los demás.

> *...para que aprobéis lo mejor, a fin de que seáis sinceros e irreprensibles para el día de Cristo.*
>
> Filipenses 1:10

84 pregunta

¿Por qué él actúa como si fuera el jugador más valioso?

Su esposo quiere ser el líder de su hogar y su matrimonio, y como tal, puede resultarle fácil pensar que es la persona más importante. Sin embargo, probablemente ésta no sea su intención, y usted puede cambiar cualquier concepto equivocado que tenga al recordarle que ambos están en el mismo equipo. Hay una diferencia entre ser el líder de su hogar y ser el centro de todo, y la principal diferencia está en la actitud.

respuesta

La mayoría de las personas desean sentir que son importantes para alguien, y su esposo no es diferente. Como resultado, puede tener tendencia a dominar su relación y sus conversaciones. Como hombre, su voz tiende a ser más fuerte y su presencia física más dominante que la suya, y usted puede interpretar que eso significa que tiene una actitud de supermacho. En la mayoría de los casos, sin embargo, cuando usted puede comprender que su presencia física no debe abrumarla sino protegerla y cuidarla, entonces podrá pasar de la voz profunda y los músculos grandes a un hombre que desea mostrarles a los demás, y a usted, que él es digno de usted.

Siéntese con su esposo y hablen de sus percepciones y preocupaciones. Usted puede asegurarle que no está tratando de disminuir su posición de líder del hogar o debilitarlo de ninguna manera. Hágale saber que comprende que usted es diferente física y también emocionalmente, y que no espera que actúe como usted. Al hablar con él, le mostrará su amor y su deseo de tratar un asunto que le preocupa y de mostrarle que realmente quiere solucionar esto para beneficio de ambos.

vale la pena pensar

- Para cualquier jugador valioso en cualquier deporte, siempre están aquellos jugadores desconocidos que hacen que el jugador más valioso luzca bien. Usted es uno de esos jugadores que hace que su esposo luzca bien.
- Considere si la percepción de su actitud realmente proviene de su propio deseo de ser el centro de su matrimonio. Dios diseñó al matrimonio para que sea compañerismo, donde el esposo es el líder.
- Si su esposo realmente tiene un problema de actitud y está dispuesto a reconocerlo, dé pequeños pasos hacia el logro de cambios positivos.

> *Así, los primeros serán postreros, y los postreros, primeros.*
>
> Mateo 20:16

85 pregunta

¿De qué manera el controlar su lengua demuestra su amor?

A veces lo más difícil que podría tener que hacer es no dar su opinión o responder a algo que su esposo ha dicho, especialmente si es hiriente. Recuerde que usted no es la que debe cambiar a su esposo. Eso es tarea de Dios. Forzar su opinión o responder con enojo probablemente no logrará nada excepto empeorar la situación. Puede mostrar su amor por su esposo por medio del dominio propio y la sabiduría.

respuesta

Habrá momentos en que su esposo tomará una decisión con la que usted disienta. Puede preguntarle si está dispuesto a escuchar su opinión. Si reconoce que ya se ha decidido, animarlo a hablar de la decisión con usted puede revelar cualquier problema que exista en esa decisión. Hágale saber que si decide reconsiderar su elección usted está más que dispuesta a hablarlo con él.

Las acusaciones o insinuaciones que no son amables no son la meta de su matrimonio. A veces la emoción los sobrepasará y se dirán cosas que no deberían. En esta situación, lo mejor puede ser dejar las afirmaciones sin contestar hasta que ambos se tranquilicen. Después, cuando ambos estén más calmos y racionales, discutan cómo los hicieron sentir esas afirmaciones. En muchos casos, las palabras dichas por impulso tienden a ser exageraciones y no logran nada. Sea rápidos para pedir perdón, y rápidos para perdonar.

Si usted y su esposo han caído en una rutina de provocarse mutuamente para conseguir una respuesta, discutan sus inquietudes respecto al deseo de realizar aportes sin el daño que suele resultar de palabras dichas en un desborde de emoción. Su meta debe ser desear edificarse mutuamente y fortalecer su matrimonio, y estar dispuestos a hacer cambios en la manera de hablarse el uno al otro será un gran primer paso.

vale la pena pensar

- La Biblia dice que la lengua controla sus pensamientos y acciones, como un timón controla a un barco. Verifique su hablar para asegurarse de que la esté llevando adonde quiere llegar.
- Permitirse momentos de silencio en sus conversaciones les a ambos dará tiempo para procesar la información antes de sentirse presionados para comenzar a formular una respuesta.
- El que usted no responda con enojo puede ser humillante para él al darse cuenta de que usted está tratando de cambiar su conducta, y puede darles ejemplo a él y a los demás sobre las maneras de mejorar la comunicación.

Pon guarda a mi boca, oh Jehová; guarda la puerta de mis labios.

Salmo 141:3

86 pregunta

¿Cómo puede ayudarlo a alcanzar sus metas mientras satisface sus necesidades?

Aunque el matrimonio es como una empresa conjunta entre dos personas, que está diseñada para capacitarlos a fin de alcanzar metas que probablemente no podrían alcanzar de forma individual, usted y su esposo son dos personas separadas, cada una con sus propias metas y necesidades personales. En los mejores matrimonios, las metas individuales incrementan las metas conjuntas, y la pareja encuentra una manera de satisfacer ambas metas, la conjunta y la individual. Sin embargo, a veces lo individual puede pasarse por alto en un matrimonio; y es para el beneficio de su esposo y de su matrimonio que usted pueda asegurarse de que ambos se están sintiendo satisfechos de su relación.

respuesta

Puede resultar fácil quedar atrapado trabajando hacia sus metas como pareja, como cónyuges, y como padres. Muchas veces pueden pasar por alto sus necesidades personales e individuales, o simplemente puede no haber suficiente tiempo, energía u otros recursos para lograrlas. Lo primero que usted y su esposo pueden hacer es conversar sobre cuáles pueden ser sus necesidades individuales. Puede darle algunos ejemplos concretos de cómo le gustaría satisfacer sus necesidades, y pedirle algunas sugerencias para satisfacer sus propias necesidades. También puede considerar cómo trabajar juntos para lograr más y también dejar libre más tiempo para ambos.

A continuación, ambos pueden reconocer que si no apartan el tiempo, la energía y los recursos necesarios para satisfacer sus necesidades individuales, no es probable que eso suceda por sí solo. Miren de una manera realista sus horarios y recursos disponibles, y decidan si hay alguna actividad que puedan dejar o delegar a otro.

Aunque al principio puede sentir que concentrarse en las metas de su esposo impedirá la satisfacción de sus propias necesidades, cuando su esposo se sienta satisfecho física, emocional, y espiritualmente, a su vez tendrá más energía para ayudarle a satisfacer sus necesidades.

vale la pena pensar

- Si todavía no tienen uno, inicie un calendario familiar, una ubicación central en que puedan anotar sus actividades y compromisos. Esto les ayudará cuando tomen la decisión de lo que podrían dejar para dar cabida a tiempo personal, y reducirá la posibilidad de que se comprometan a dos cosas a la a vez, o que se excedan en sus compromisos.
- Incluya a toda la familia en su planificación. Puede ser que una de las actividades que necesita discontinuar sea algo en que otro miembro de la familia esté involucrado.
- Si su esposo se ofrece a realizar una tarea para darle más tiempo libre, agradézcale y anímelo aunque no la haga exactamente de la manera en que usted la habría realizado.

No se inquieten por nada; más bien, en toda ocasión, con oración y ruego, presenten sus peticiones a Dios y denle gracias.

Filipenses 4:6, NVI

pregunta

¿Cómo lo alienta en su relación con Dios?

respuesta

Crezcan en la gracia y en el conocimiento de nuestro Señor y Salvador Jesucristo.
2 Pedro 3:18, NVI

87 pregunta

¿Por qué usted necesita más que palabras para demostrar amor?

Existen muchas maneras de demostrar que ama a su esposo, y es fácil estancarse en una rutina de cómo mostrar amor. También es fácil que sus palabras y acciones concuerden con cómo se siente en el momento. Sin embargo, el amor no depende de sus sentimientos o circunstancias: el amor es una decisión que usted toma. Y a veces puede ser necesario tomar esa decisión varias veces al día, tal vez hasta momento a momento.

respuesta

El amor incondicional es uno de los conceptos más difíciles de comprender y de demostrar, y sin embargo es esencial para su matrimonio. Vivir una actitud de amor va más allá de las palabras y las acciones.

Usted puede vivir una actitud de amor al decidir que su matrimonio es la relación más importante que tiene, junto con su relación con Dios. Cuando usted está en una tierna y amorosa relación con Dios es más fácil emular ese amor hacia su esposo. Cuando ve cómo la trata Dios aunque todavía no sea perfecta, comprende que usted puede tratar a su esposo con la misma gracia que recibe.

Cuando compare su relación con Dios con su matrimonio, verá que Dios usa palabras para decirle cuánto la ama, pero también refuerza esas palabras con acciones. En su matrimonio, las acciones requieren un esfuerzo de su parte y demuestran que está pensando en su esposo.

Cuando su esposo ve que usted está invirtiendo tiempo y energía en su relación, sabe que sus sentimientos hacia él son importantes para usted y su relación. Las personas no tienden a invertir en cosas que no son importantes para ellas. Aquello en lo que invierte crecerá, y el tiempo y esfuerzo que pone en su matrimonio se notará y será apreciado por su esposo.

vale la pena pensar

- Usted puede encontrar muchas formas de demostrar su amor por su esposo sin usar siquiera la palabra amor. En la Biblia, el Cantar de los Cantares es una carta de amor, y ha habido mucha poesía, música y otra literatura clásica escrita que está llena de ideas para declarar y mostrar amor.
- Las palabras son fáciles y pueden ser huecas. Asegúrese de que sus palabras y acciones concuerden.
- El amor incondicional es aceptar a su esposo tal como es, y confiar en que Dios hará los cambios que sean necesarios.

> *No amemos de palabra ni de lengua, sino de hecho y en verdad.*
> 1 Juan 3:18

P 88 pregunta

¿Cómo demuestra su amor al escucharlo?

Una de las metas de su esposo para su matrimonio es desarrollar una relación más profunda y de mayor confianza con usted, y una de las maneras en que hace esto es mediante la conversación. Cuando él habla, le está compartiendo una parte de sí mismo al conectarse emocionalmente con usted. Probablemente se sentirá vulnerable al confiarle sus pensamientos. Usted puede mostrarle su amor mientras lo escucha permitiéndole saber que sus pensamientos e inquietudes están seguros con usted.

R respuesta

Cuando conversan, le está diciendo a su esposo que este tiempo es para él, que usted está invirtiendo este tiempo en su matrimonio, y que valora su aporte. Mientras comparte sus sueños e inquietudes con usted, es importante que le permita verbalizar sus pensamientos, y le dé el tiempo que necesita para expresarse. Si esto es nuevo para su esposo, también puede necesitar tiempo adicional para elaborar sus pensamientos mientras habla.

Al escuchar le dice a su esposo que lo está aceptando tal como es y que está interesada en lo que tiene para decir. Puede alentarlo a compartir haciéndole preguntas si parece tener dificultades con el concepto que quiere compartirle. Sin embargo, no piense que cada momento tiene que llenarse con palabras. Permita unos momentos de reflexión para ambos.

Reconozca lo que dice asintiendo con la cabeza. Si ve que le es difícil expresarse, toque su mano o pase su brazo alrededor de él para animarlo. Permítale una atmósfera segura para expresar cualquier emoción relacionada con lo que está diciendo.

Mantenga el contacto visual, y sonría mientras escucha. Cuanto más lo aliente a compartir, más fácil será para él.

vale la pena pensar

- **Usted puede alentar** a su esposo a compartirle sus sueños e inquietudes apartando tiempo para que ambos conversen cuando no sean interrumpidos. Puede comenzar contándole una de sus metas y pedirle que comparta la suya con usted. Éste no es un tiempo para debatir. Permítale compartir con usted sin contradecirle o insistir al mismo tiempo.
- **Si ambos luchan** con dónde comenzar, comiencen con un buen recuerdo compartido, o usted puede empezar con un buen recuerdo individual de su niñez.
- **Aunque no todos** los temas de conversación serán optimistas, puede cambiar el tono preguntándole si le gustaría ver algunos cambios.

> *Amando a Jehová tu Dios, atendiendo a su voz, y siguiéndole a él.*
>
> Deuteronomio 30:20

89 pregunta

¿Cómo realzan su amor los actos de bondad sorpresivos?

Usted puede agregar algo de variedad a sus expresiones de afecto usando acciones bondadosas sorpresivas, haciendo algo lindo sólo porque sí. Las acciones bondadosas realzan sus expresiones de amor dejándole saber a su esposo que estuvo pensando en él tal vez en el momento menos probable, y que sus sentimientos de conexión van mucho más allá de su unión física.

respuesta

Fácilmente puede caerse en la rutina en el modo de expresar sus sentimientos, tal como con abrazos, besos o palabras. Las acciones bondadosas sorpresivas son maravillosas porque no están conectadas con una ocasión especial tal como un cumpleaños o un aniversario. Lo totalmente inesperado de estos actos sorprenderá y deleitará a su esposo.

Puede buscar maneras de agradarle en sus actividades cotidianas, especialmente si puede encontrar una manera de ayudarle a alcanzar algunas de sus metas. Cada vez que usted pueda reducir su carga de trabajo y dejarle tiempo libre lo capacitará para sentirse más productivo y reducirá su estrés.

Otras maneras en que las acciones de bondad sorpresivas agradarán a su esposo y mejorarán su conexión incluyen el compañerismo con él en un proyecto en el que normalmente no tomaría parte. Su deseo de compartir tiempo con su esposo y renunciar a su tiempo para hacer algo fuera de lo normal hace que el regalo sea todavía más valioso.

Las acciones sorpresivas pueden realizarse sin que su esposo sepa quién lo hizo. Si tienen hijos, aliéntelos a participar en estas acciones sorpresivas sin reclamar la autoría. La familia entera aprenderá que dar a los demás es un regalo especial en sí mismo.

vale la pena pensar

- **Escuche a su esposo** cuando le cuenta sus sueños y metas. Probablemente pueda encontrar varias maneras de ayudarle a lograrlos.
- **Más allá de** cómo usted y su esposo hayan dividido las tareas del hogar, a él le encantará que usted haga algo que se supone él tendría que hacer. No tiene que ser así siempre: aun una sola vez lo complacerá.
- **Aliente las acciones** bondadosas sorpresivas del uno al otro sin poner condiciones, tal como para una ocasión especial o porque sabía que estaba cansado o muy ocupado.

> *Haz resplandecer tu rostro sobre tu siervo; sálvame por tu misericordia.*
>
> Salmo 31:16

90 pregunta

¿Cómo el amor puede sentirse como un regalo en vez de una obligación?

El amor y el matrimonio son dos de los más grandes regalos que Dios ha creado para que las personas disfruten. Estar enamorados y sentirse amados puede fortalecerlos para contrarrestar las muchas tormentas de la vida. Con el tiempo, sin embargo, pueden sentir que continúan por formalidad. Aunque el compromiso sigue siendo fuerte, los sentimientos que se asocian a él pueden haberse opacado. Pueden mantener el amor como si fuera un regalo —uno que usted da y recibe diariamente— dando pasos para renovarlo y avivarlo todos los días.

respuesta

El matrimonio y el amor pueden unirlos a usted y a su esposo en un vínculo que no se rompa. Puede pensar que su matrimonio es como el contenido de su heladera. Si hace sus compras de comestibles una vez al año y almacena toda la comida que va a comer ese año, después de un par de meses los alimentos estarán rancios y poco apetecibles.

El matrimonio puede ser lo mismo todos los días a menos que se decida a traer diariamente pensamientos y emociones frescos a su matrimonio. Puede comenzar eligiendo demostrar su amor de una manera nueva. Comience cada día con abrazos y besos, y despídalo al trabajo con una palabra de aliento. Si su vida íntima ha caído en la rutina de cuándo y dónde, hagan cambios.

Otra manera de mantener vivo y renovado su matrimonio es no depender de sus sentimientos para determinar cómo y cuándo expresar su amor. Decida que no importa cuán estresada se sienta, recibirá a su esposo con una cena especial cuando venga a casa esta noche. Arregle una sorpresiva salida nocturna, o rente sin pensarlo una película que sabe que él disfrutará.

Cuando decida poner a un lado sus propios sentimientos y necesidades, su esposo reconocerá que ése es un regalo. Si su matrimonio se siente un poco rancio, podría encontrar que haciendo algo lindo para su esposo puede cambiar su actitud. Así como Dios muestra su amor de diferentes maneras cada día, considere cómo puede mostrarle su amor a su esposo hoy.

vale la pena pensar

- La principal diferencia entre un regalo y una obligación está en la actitud del dador. Cuando haga algo lindo para su esposo porque él lo merece, se sentirá como un regalo.
- Cuando usted y su esposo verdaderamente buscan agradarse uno al otro y expresar su amor, los pensamientos asociados a ello son lo importante.
- Dios dio a su Hijo antes de que usted siquiera lo conociera o reconociera el regalo. Cuando usted da un regalo motivado por amor, de algún modo su esposo lo verá y le agradecerá por eso.

Goza de la vida con la mujer que amas.

Eclesiastés 9:9

91 pregunta

¿Cómo puede proteger su matrimonio?

Muchas personas piensan que una vez que se casaron, se acabaron sus preocupaciones. Tienen ese papel que dice que pertenece a su cónyuge. Sin embargo, el matrimonio es algo vivo y en desarrollo, y debe ser cuidado, nutrido y protegido como cualquier otra cosa viva. Usted protege su matrimonio por medio de la oración, del tiempo que comparten, de las metas comunes, y tomando por adelantado decisiones respecto a cómo tratar con situaciones específicas que surgirán en el curso del matrimonio.

respuesta

Sus votos matrimoniales sientan las bases para sus propósitos en su matrimonio. Aunque sus votos son importantes, realmente sólo son el comienzo de la protección de su matrimonio. Sus votos tratan con el qué, pero no con el cómo, en asegurar el éxito de su relación.

La manera más importante de proteger su matrimonio es por medio de la oración. Los estudios han mostrado que las parejas que oran juntas experimentan un promedio más bajo de separación y divorcio. Se recomienda la oración diaria, y puede comenzar este nuevo hábito en cualquier momento. Orar por y acerca del matrimonio es la clave, así como también orar por las tentaciones de cada uno de ustedes.

Su actitud hacia su matrimonio asegurará que sea sólido y esté protegido. Si usted no desvaloriza su matrimonio, invertirá tiempo y energía en él. Así como con cualquier otra cosa viva, su matrimonio no se sustentará a sí mismo sólo porque usted quiera.

El pasar tiempo hablando sobre los asuntos que pueden surgir y aplicar esas discusiones a situaciones similares cuando ocurran ayudará a que su matrimonio prospere. Las decisiones tomadas de antemano pueden ser de ayuda cuando afrontan una situación especial que no había afrontado antes. Permanecer en unidad y conocer su dirección los capacitará a usted y a su matrimonio para atravesar las tormentas de la vida más fuertes que nunca antes.

vale la pena pensar

- Si trata de manera superficial a su matrimonio, el resultado probablemente será inestabilidad e inseguridad. En cambio, considere a su matrimonio como el regalo serio y precioso de Dios que es.
- Cuando usted y su esposo actúan como si siempre estuvieran juntos, sin permitir que ni una pizca de celos o impropiedad se entrometan en su conducta, eso fortalece su relación.
- Ustedes se han comprometido uno con el otro y solamente uno con el otro, y no es necesario que hagan ni digan nada para atraer la atención del sexo opuesto, incluyendo miradas, modos de vestir, o de hablar.

Sobre toda cosa guardada, guarda tu corazón; porque de él mana la vida.

Proverbios 4:23

92 pregunta

¿Por qué suscitar el romance en su matrimonio?

Sentirse bien respecto a su matrimonio puede ayudarla a sentirse bien en otras áreas de la vida. Los sentimientos románticos hacia su esposo incluyen no sólo la intimidad sexual sino también la confianza, el respeto y la amistad. El romance en su matrimonio aumentará el interés de uno por el otro, y hará que deseen compartir más tiempo. El romance también genera estabilidad dentro de su relación y le ayuda a aprender más acerca de la forma en que piensa su esposo.

respuesta

Los sentimientos y las oportunidades románticas no se crean automáticamente. Probablemente necesite pensarlo y poner empeño en ello. Hasta una persona catalogada como romántica invierte tiempo y energía para poner sus ideas en acción.

Crear un escenario romántico puede incrementar el interés sexual y conducir a compartir un tiempo íntimo más satisfactorio. Aunque no todo romance debe terminar con una relación sexual, el crear y mantener el interés sexual en ambos mejora su percepción de la conexión mutua.

Suscitar el romance en su matrimonio puede hacerla sentir especial y atractiva, lo cual impactará en la forma en que percibe su rol en el matrimonio. Además, cuando usted se siente especial, su actitud lo evidenciará, lo cual también tenderá a incrementar el interés de su esposo.

El romance es un conjunto de herramientas que puede emplear en su matrimonio para aumentar la conexión emocional con su esposo. Al aumentar esa conexión, encontrará que ha creado un círculo que alentará a su esposo en su atención hacia usted, mientras le da a él una sensación más profunda de conexión y compromiso con usted y su matrimonio.

vale la pena pensar

- **Una encuesta reciente** mostró que a los hombres les gustaría que sus esposas iniciaran la relación sexual más a menudo. Encienda una chispa de interés motivando a su esposo.
- **El romance no consiste** sólo en flores y velas. Cualquier hora puede ser romántica cuando usted crea un momento íntimo para usted y su esposo.
- **Si le cuesta** conseguir ideas, pídale a su esposo que planifique una noche o un fin de semana romántico para ambos. Después hablen de lo que realmente lo hizo especial, y use los comentarios de su esposo para planificar su próxima salida romántica.

> *Cuán bella eres, amor mío, ¡cuán encantadora en tus delicias!*
>
> Cantar de los Cantares 7:6 NVI

93 pregunta

¿Cómo puede ayudarlo a sentirse digno de ser amado?

Existe una diferencia entre sentirse amado y sentirse digno de ser amado. Su esposo probablemente ya sabe que usted lo ama. El sentirse digno de ser amado proviene de adentro de una persona y está íntimamente relacionado con los sentimientos de autoestima. Usted puede ayudar para que su esposo sepa que es digno de ser amado —merece ser amado— ayudándolo a verse como usted lo ve. Puede demostrárselo por medio de su actitud y aliento, permitiéndole expresar sus sentimientos, y mostrándole amor de una manera que pueda comprenderlo.

respuesta

Aunque muchas personas pueden expresar sentimientos de amor, a veces sus propios sentimientos de no ser dignos de ser amados pueden interferir en su capacidad de recibir amor. Cuando una persona recibe amor, es cuidado y nutrido por ese amor. Pero si no puede aceptar que es amado, puede cansarse y agotarse mientras trata de dar algo que no tienen dentro. Dios la creó para amar y ser amada, y para desear el amor de Dios y de los otros.

Puede ayudar a su esposo a comprender el valor que tiene para usted y para Dios al tener una buena actitud. Se sentirá más seguro y exitoso en su matrimonio si sabe que su actitud hacia él no fluctúa.

Al permitir que su esposo comparta sus sentimientos y pensamientos con usted lo ayuda a entender que desea comprenderlo y saber más de él. Cuando él sabe que puede compartir con usted sinceramente y con seguridad, probablemente verá como válidos y valiosos sus procesos mentales.

El comprender cómo su esposo da y recibe amor lo alentará mientras usted le responde. Los resultados visibles de sus esfuerzos en conectarse con usted pueden ser muy alentadores para él.

Cuando su esposo se siente digno de ser amado, esos sentimientos se extienden a los demás, incluyéndola a usted. Anime a su familia a mostrarle a su esposo que él merece ser amado por lo que él es y no por lo que hace. Aunque su trabajo o su contribución a la familia pueda cambiar, quién es su esposo —sus valores, planes, sueños, y compromiso con usted— siempre permanecerá.

vale la pena pensar

- **Aliente a su esposo** en la manera de demostrar amor, aunque no sea su lenguaje especial del amor. El que muestre amor es más importante que cómo lo hace.
- **Si ve que él** tiene conflictos con sentimientos de autoestima, confeccione una lista de todas las cosas que le encantan de él. No incluya las cosas que él hace o no. En cambio, concéntrese en sus valores e intenciones.
- **Puede ser difícil** ayudar a alguien que no se siente digno de ser amado si usted misma no lo siente. Si tiene dificultades en esa área, hable con su esposo, y oren juntos que Dios les muestre a ambos cuán amados son.

Tu amor me ha alegrado y animado mucho…
Filemón 1:7 NVI

94 pregunta

¿Cómo dejar atrás su última discusión?

Muchas parejas casadas tienen desacuerdos en un momento u otro. Cómo resuelven los conflictos marca la pauta para el éxito de su matrimonio. No importa quién tiene razón y quién no en la discusión. Lo que importa es cómo manejan la situación. Es difícil sentir amor por alguien con quién está enojada. Al dejar pasar esos sentimientos restaurará su relación matrimonial, y ambos crecerán a un nuevo nivel de madurez y comprensión.

respuesta

Una riña es muy semejante a una herida abierta: las emociones y los temores han sido expuestos y a menos que se los trate rápidamente, se infectarán. La buena noticia es que está disponible la sanidad, sin importar cuán grande sea la riña o cuán enojada esté usted.

Después de una discusión, su reacción inicial puede ser la de retraerse de su esposo para evitar el conflicto. Esto puede hacerla sentir mejor al principio, pero no hablar de eso no ayudará a la situación ni evitará que en el futuro se vuelva a convertir en una riña. Como pareja, ustedes necesitan buscar la causa del conflicto. No tome la primera cosa que pasa por su mente, porque generalmente ésa no es la verdadera causa. En cambio, estén dispuestos a profundizar en el asunto.

Muchas discusiones se suscitan debido a diferentes expectativas. Cuando sus expectativas no son satisfechas, puede sentir como si a su esposo no le importara. A veces el problema puede ser que él no sabe lo que usted quiere. Puede dar una rápida solución al conflicto hablando tranquilamente acerca del problema, buscando siempre una solución.

La discusión abierta y sincera de la causa del conflicto limpiará los aires y le mostrará a su esposo que realmente lo ama y desea estar emocional y físicamente cerca de él. El admitir que ambos estaban equivocados demostrará madurez y disposición para estar más unidos.

vale la pena pensar

- **Es difícil estar enojada** con su esposo cuando está orando por él. Ante el primer síntoma de irritación, deténgase y ore.
- **Usted y su esposo** discuten porque mantienen diferentes opiniones o puntos de vista sobre el tema en particular bajo discusión. Encuentren algún aspecto en común y comiencen allí.
- **Aunque el** "hacer las paces" es una buena manera de afirmar su amor, no debería ser la única manera. Si lo es, echen un vistazo a su capacidad de resolver conflictos, y busquen otras maneras de resolver las diferencias.

Todo aquel que confiese que Jesús es el Hijo de Dios, Dios permanece en él, y él en Dios.

1 Juan 4:15

95 pregunta

¿Por qué él olvida fechas que son tan importantes para usted?

Los hombres tienden a concentrarse en el evento. Mientras que las mujeres tendemos a hacerlo en la fecha misma. Esta diferencia de enfoque también se extenderá a las diferencias de perspectiva, incluyendo la importancia de las fechas y los eventos. Su esposo la atesora a usted y a los buenos recuerdos que se asocian con las fechas especiales de sus vidas, tales como su aniversario, los cumpleaños de sus hijos, y su propio cumpleaños. Como tal, él está mucho más interesado en el hecho que ocurrió, no en los detalles de cuándo. Regocíjese en el hecho de que su esposo quiere celebrar estas fechas especiales con usted, y no se inquiete si se equivoca de fecha.

respuesta

Muchas veces lo que sucede en un matrimonio es que, como la fecha en sí misma puede ser más importante para usted que para él, ambos podrían caer en la rutina de tener que recordarle los acontecimientos que vendrán. Aunque esto puede reducir el estrés, también puede salir mal si usted se olvida de recordárselo. Es más probable que él no recuerde la fecha si usted ha estado actuando como su calendario personal. Cuando él se olvida, si usted puede reconocer que no es porque esté tratando de irritarla, no pondrá presión sobre él para que recuerde la fecha.

Su esposo no olvida intencionalmente las fechas que son importantes para usted, y si usted se concentra en el evento y no en la fecha, podrá disfrutar sus celebraciones.

Al quitar la atención de la fecha y colocarla en el evento permitirá que lo celebren por lo que es: una conmemoración para un buen recuerdo. La Biblia dice que Dios creó las conmemoraciones para que pudieran recordar y enseñar a los hijos las cosas buenas. Él lo ha hecho para ustedes. Cuando miran sus celebraciones de esa manera y mantienen a Dios como centro, entonces la fecha misma no es tan importante.

vale la pena pensar

- Una vez que la fecha no es el centro, estará dispuesta a celebrar y podrá hacerlo en cualquier momento. Una celebración gozosa una semana antes o un día después es mejor que una planeada por obligación en la fecha de la celebración.
- Pueden alternar quién es el responsable de los preparativos para la celebración. Por ejemplo, usted podría elegir ser responsable de los aniversarios de la boda los años pares y él, los años impares. Si hay una fecha en especial que es importante para usted, tal como el día en que se conocieron, podría elegir ser usted la responsable de planificar algo especial para esa fecha.
- Las celebraciones no tienen el propósito de ser una competición. El hecho de que todos salgan a festejar el cumpleaños de su esposo y él recuerde el suyo una semana después no significa que la ame menos que lo que usted lo ama. No tome represalias olvidando su cumpleaños el año próximo: en cambio, disfrute la fiesta que preparó para él como si fuera la suya propia.

Los que temían a Jehová hablaron cada uno con su compañero; y Jehová escuchó y oyó, y fue escrito libro de memoria delante de él para los que temen a Jehová, y para los que piensan en su nombre.

Malaquías 3:16

96 pregunta

¿Cómo dice usted que lo siente?

Es casi imposible tener razón todo el tiempo: solamente Dios puede decir eso. Como resultado, puede estar bastante segura de que en algún momento de su matrimonio va a necesitar pedirle perdón a su esposo. La buena noticia es que usted puede decir que lo siente y no perder credibilidad con él si le pide perdón rápidamente y con sinceridad.

respuesta

No hay duda de que si pide perdón antes de que otro note su error, será tenida en más alta estima. Esto es especialmente así si su disculpa es dirigida a su esposo. La relación esposo-esposa debe ser una relación de intimidad y apoyo. Pero si su esposo siente que tiene que llamar su atención a un error, puede sentirse como un padre. Para evitar esto, tan pronto como usted se percate del error, pida perdón y pida sugerencias sobre cómo evitarlo en el futuro.

Aunque las disculpas no son la cosa más agradable de dar, pueden ser el regalo más grande para el receptor. En un mundo donde muchos quieren culpar a los demás, es reconfortante cuando una persona asume su responsabilidad por sus acciones. Pregunte a sus amigos y su familia: ellos probablemente conocen personas que nunca han pedido disculpas, y que serán recordadas por eso. Hay pocas personas que son recordadas por pedir perdón demasiado a menudo.

La sinceridad es clave para que una disculpa sea aceptada y creída. Es difícil pedir disculpas y comprometerse a no ofender otra vez cuando no hay cambio en la conducta que llevó al error en primera instancia. La sinceridad proviene de un deseo real de evitar volver a cometer el mismo error. Los cambios de conducta y de actitud le asegurarán al receptor que usted realmente quiso decir lo que dijo.

Pedir disculpas, especialmente a su esposo, hará mucho por enmendar la relación que había sido rota. A veces un sencillo "Lo siento" los ayudará a ambos a pasar ese momento, a dejar pasar los sentimientos hirientes, y los ayudará a concentrarse en el verdadero problema.

vale la pena pensar

- Cuando usted sabe cuál es el lenguaje del amor de su esposo, puede aplicarlo a la manera de pedir perdón. Por ejemplo, si su lenguaje del amor es el tiempo, puede pedirle perdón apartando tiempo para que los dos puedan estar solos.
- Sin importar cuán grande sea el desacuerdo o cuán tarde en el día ocurrió, no vayan nunca a dormir enojados uno con el otro.
- Cuando usted y su esposo disienten en algo, realmente no importa quién tiene razón y quién no. Aunque en su postura usted tenga totalmente la razón, estar enfrentados está mal. Pida perdón por su actitud y pregunte si pueden hablarlo nuevamente.

Por tanto me aborrezco, y me arrepiento en polvo y ceniza.

Job 42:6

pregunta

¿Por qué es el hombre perfecto para usted?

respuesta

Por la fe en su nombre, a éste, que vosotros veis y conocéis, le ha confirmado su nombre.
Hechos 3:16

97 pregunta

¿Cómo lograr que renuncie a esa prenda?

Las personas a menudo la juzgan por lo que usted viste, especialmente si es inapropiado para la ocasión. Por la razón que sea, generalmente los hombres desarrollan un apego sentimental a la ropa más allá de su utilidad. Este apego puede ser a una chaqueta de la universidad, a unos shorts de gimnasia, o unas cómodas zapatillas. Con mucha frecuencia este apego es debido a la familiaridad, los recuerdos o porque un artículo de vestir se adapta cómodamente.

respuesta

El respeto por la razón por la cual su esposo se apega a esa prenda en particular se extiende al respeto por su esposo. A menudo una chaqueta de cuero de la universidad será una prenda importante que su esposo puede querer conservar ya que le recuerda sus despreocupados días de universidad y además lo hace sentir más joven. Puede respetar esos recuerdos y sentimientos asociados con la chaqueta sugiriendo que pueden montarla profesionalmente en una caja en la pared o en un marco.

Si la prenda está tan gastada que está por completo en mal estado o es vergonzoso exponerla debido a su condición, esté dispuesta a hablar con su esposo acerca de por qué quiere usarla. Si es porque la encuentra cómoda, ofrézcase a ir de compras con o por él para encontrar un reemplazo adecuado. Deshágase de la prenda antigua solamente después de encontrar un reemplazo satisfactorio.

Si tiene apego a una prenda por razones sentimentales, porque alguien especial se la dio, y especialmente si la prenda no sirve a su propósito, hable con su esposo sobre lo que eso representa de la persona que se la dio. Ofrezca encontrar una fotografía de su esposo con el dador y el regalo para exhibirla. Si le parece bien, descarte el regalo desgastado y recuerde al dador por medio de la fotografía.

vale la pena pensar

- **Si su esposo insiste** en usar una antigua prenda en especial en público, hable con él. No tire nada que le pertenezca a él sin primero obtener su aprobación.
- **Si hay algo** a lo cual él no está dispuesto a renunciar ahora, entonces espere. Si está de acuerdo, póngala en una caja, anote la fecha en ella, y concuerden en verificarlo en un año.
- **Sólo porque el artículo** sea antiguo no significa que necesariamente esté hecho pedazos. Si realmente quiere usarlo, verifique la posibilidad de hacerlo reparar por un profesional. Si no puede ser reparado, considere tomar una parte e incorporarla en otra prenda, o tal vez hasta enmarcarlo, o agregarlo para un proyecto de acolchado.

¿No es la vida más que el alimento, y el cuerpo más que el vestido?

Mateo 6:25

98 pregunta

¿Cómo hacer en las celebraciones que incluyen a una ex esposa?

Con la gran incidencia de divorcios en Estados Unidos hoy en día, en algún punto de su matrimonio usted podría tener que tratar con un ex esposo o ex esposa en una reunión familiar. Sabiendo de antemano que en la mayoría de los casos las personas se comportarán en grandes grupos puede tranquilizarla. Además, el recordar que esta vez se trata de la familia y no de sus diferencias les ayudará a usted y a su esposo a superar la situación.

respuesta

Sin importar si el ex es suyo o de su esposo, su presencia puede hacer que surjan muchos sentimientos antiguos. Puede ser fácil enterrar conflictos no resueltos bajo la vida diaria que lleva ahora, pero es más difícil hacerlo cuando el sujeto de esos sentimientos está sentado frente a usted al otro lado de la habitación. Hable con su esposo cómo se manejarán con respecto a la presencia de la ex esposa en las bodas, los funerales, las graduaciones, los feriados tales como Navidad o el Día de Acción de Gracias, y las reuniones familiares.

Primero y principalmente, ambos deben tomar la determinación de que la reunión familiar no se relaciona con sus sentimientos o con quién tiene razón y quién no por la ruptura. La reunión se relaciona con la familia, y aunque todos puedan estar relacionados, no todos sienten lo mismo por la ex esposa. Decida ser cordial y no hacer escenas sin importar lo que ocurra ni los comentarios que se pronuncien.

Si es posible, minimice la longitud del tiempo que estará en proximidad de la ex esposa. Arregle tener una parte neutral que la acompañe de modo que si accidentalmente se encuentra con la ex esposa, sea más probable que usted mantenga la calma. Si cree que será absolutamente imposible para usted estar tranquila en la reunión, puede disponer un grupo alternativo más pequeño antes o después del evento principal. Por ejemplo, usted podría ser la anfitriona para un desayuno de un círculo más pequeño de invitados previo a una boda, que no incluya a la ex esposa.

vale la pena pensar

- **Hable con su esposo** sobre cualquier inquietud que pudiera tener acerca de la presencia de la ex esposa en su próximo evento. Haga planes sobre cómo evitar una confrontación. Pueden hacer un ensayo de la situación para que ambos tengan algunas ideas con respecto a lo que podría suceder.
- **Sin importar cuántas** personas estén de acuerdo con usted acerca de la ex esposa, esté dispuesta a dar ejemplo de buen comportamiento y hospitalidad.
- **Frecuentemente, hacer el** primer movimiento de cordialidad hará que la ex esposa baje la guardia. Sonría, estreche manos y elogie la belleza de ella. Luego continúe hacia otro grupo de personas.

El hombre iracundo levanta contiendas, y el furioso muchas veces peca.

Proverbios 29:22

99 pregunta

¿Cuál es el mejor regalo que podría darle a su esposo?

Cuando piensa en la palabra *regalo* probablemente imagina ir de compras, lo cual puede o no ser una actividad agradable para usted. La verdad es que cuando considera el mejor regalo que podría darle a su esposo, no es necesario que vaya a una tienda o compre online u ordene de un catálogo. En cambio, lo mejor que podría regalarle está al alcance de sus medios, sin importar su presupuesto, y no le llevará más que el resto de su vida. El mejor regalo que posiblemente podría dar a su esposo es su amor.

respuesta

La mejor forma de amor que puede darle a su esposo es la clase de amor que Dios le da a usted: amor incondicional que desea lo mejor para usted, que pone a un lado sus propias necesidades para asegurarse de que las suyas sean satisfechas, y que nunca hace nada que pueda dañarla. Esta clase de amor —amor *ágape*— es el mismo tipo de amor del que Jesús habló cuando dijo que amor es dar la vida por alguien.

Cuando usted ama a su esposo con esta clase de amor incondicional, busca agradarle. Sus palabras serán cuidadosamente consideradas antes de hablar, y pensará en él a menudo. El amor *ágape* significa que no existe egoísmo, porque todo lo que usted hace es para beneficiarlo a él. No significa que usted le dé todo lo que quiere o pide, porque ésa puede no ser siempre la mejor forma para él o la mejor posible.

El amor *ágape* —la clase de amor que Dios le muestra a usted— nunca disminuye al darse: se multiplica. El amor ágape crece y madura, encuentra nuevas formas para deleitar, lo llevará a través de los tiempos difíciles, y los unirá a usted y a su esposo en un vínculo de intimidad y comprensión tal que no podrá ser quebrantado.

vale la pena pensar

- El amor *ágape* nunca tiene un trasfondo egoísta, sino que siempre busca lo mejor para la otra persona.
- Con el verdadero amor *ágape*, no hay desconfianza ni celos. Es paciente y bondadoso, y hace que los demás quieran ser más como usted.
- Amar a su esposo no siempre puede ser fácil o divertido, pero siempre será lo correcto. La única manera en que se puede amar de verdad es pasar tiempo en la presencia de Dios, buscando conocerlo más a Él.

Toda buena dádiva y todo don perfecto desciende de lo alto, del Padre de las luces, en el cual no hay mudanza, ni sombra de variación.

Santiago 1:17

100 pregunta

¿El amor es sólo una reacción química o hay algo más?

Estar enamorado hace que el cuerpo libere endorfinas que lo hacen sentir mejor, más saludable, y hasta lo ayudan a vivir más. Sin embargo, el amor no es sólo una reacción química: es una decisión que usted toma, no una vez sino muchas veces. Su decisión de amar a su esposo diariamente estará basada en todas sus metas conjuntas para el matrimonio, su mutuo compromiso, y su deseo de agradar a Dios con su fidelidad.

respuesta

Amar a su esposo siempre es más fácil cuando las cosas van bien, pero más difícil cuando está atravesando luchas. La decisión de amar los unirá a través de la lucha y los capacitará a usted y a su esposo para crecer emocional y relacionalmente.

Amar a su esposo no es una acción: es una decisión reforzada por sus acciones. Puede tener que tomar esa decisión diariamente. Seguro que él va a decir o hacer algo que hará que usted cuestione su decisión. No tenga temor. Cuando su amor se desgasta, el amor de Dios se vuelve más fuerte. Cuando su determinación es débil, el compromiso de Dios es fuerte. Su decisión de amar a su esposo no puede estar basada en cómo se siente, porque sus sentimientos de amor e intimidad fluctuarán.

Aunque pasar por pruebas no es su meta, sí lo es llegar al otro lado. Los sentimientos de amor no deberían ser el centro de su matrimonio —Dios debería ser el centro— pero su decisión de amar a su esposo es el pegamento que a la larga mantendrá unido a su matrimonio.

vale la pena pensar

- **Las reacciones químicas** fluctúan con su ánimo y con la situación. Basar sus sentimientos de amor en las sensaciones físicas puede ser injusto para su relación. Dependa de su decisión, no de sus sentimientos.
- **Mantener a Dios** como el centro de su matrimonio provee estabilidad y seguridad inconmovible, no importa cuán grande sea la tormenta.
- **Al tomar la decisión** de amar a su esposo sin importar cómo usted se sienta creará en su matrimonio la estabilidad que va más allá de sus sentimientos.

> *Con amor eterno te he amado; por tanto, te prolongué mi misericordia.*
>
> Jeremías 31:3